# COMPRENDER
# EL ABORTO
# EN EL SIGLO XXI

## Claves culturales

# COMPRENDER EL ABORTO EN EL SIGLO XXI

## Claves culturales

Aniceto Masferrer

Este libro ha sido sometido a evaluación por parte de nuestro Consejo Editorial
La aceptación de la obra en la Colección Temas Sociales de Actualidad
se realiza utilizando el método de dobles pares ciegos
Para mayor información, véase *www.dykinson.com/quienes_somos*

Este libro se ha publicado con la colaboración del
Instituto de Estudios Sociales, Políticos y Jurídicos (Fundación Universitas),
y financiado por el Ministerio de Ciencia e Innovación en el marco del Proyecto
*"Tradición e influencias extranjeras en la Codificación penal española: contribución de la jurisprudencia en la evolución de la Parte General (1870-1995)"*
(PID2023-148177NB-I00).

Editorial DYKINSON, S.L. Meléndez Valdés, 61 – 28015 Madrid
Teléfono (+34) 91544 28 46 – (+34) 91544 28 69
e-mail: *info@dykinson.com*
*http://www.dykinson.es*
*http://www.dykinson.com*

ISBN: 979-13-7047-027-2
Depósito Legal: M-4392-2026
DOI: https://doi.org/10.14679/4676

Preimpresión por:
Besing Servicios Gráficos S.L.
*besingsg@gmail.com*

*A quienes cultivan*
*la libertad de espíritu,*
*el pensamiento crítico,*
*y la sensibilidad de corazón*

# Índice

# 1. La realidad del aborto en el siglo XXI

## El aborto en el mundo y en Occidente

El 5 de julio de 2025 se cumplió el 40º aniversario de la primera despenalización del aborto en España. Para algunos, este hecho es un logro y un avance que merece celebrarse; para otros, un retroceso en la cultura de la humanidad. Sin embargo, pocas personas son capaces de explicar cómo hemos llegado hasta esta situación. El aborto y su regulación legal presentan peculiaridades en cada país, pero es un fenómeno que trasciende fronteras y épocas, y lo ocurrido en una nación puede influir en otras. Ha estado presente en todas las sociedades humanas durante siglos, aunque no siempre se ha manifestado de la misma manera ni con el mismo significado.

Quien vive en el siglo XXI puede interesarse por el aborto en sociedades antiguas, como Grecia o Roma, pero resulta más importante comprenderlo en el contexto presente. La situación actual es inédita en la historia de la humanidad y conviene que toda persona sea consciente del momento excepcional que vive y de la realidad que le rodea.

Hoy, el aborto es una realidad innegable en todo el mundo, especialmente en Occidente. La OMS calcula que cada año se producen unos 73 millones de abortos inducidos, lo que equivale a 200.000 diarios. Según Worldometers, una web que ofrece estadísticas en tiempo real, Estados Unidos es el país con el mayor número absoluto: en 2022, los Centros para el Control y la Prevención de Enfermedades (una de las principales agencias de salud pública del Gobierno de Estados Unidos) registraron 609.360 abortos, pero el Instituto Guttmacher estima que en 2024 superaron el millón. Allí, aproximadamente el 30 % de los embarazos no son deseados y el 40 % de ellos termina en aborto, lo que supone entre 1.500 y 2.500 cada día.

En Europa, las cifras varían mucho. Francia encabeza con 320 abortos por cada 1.000 nacimientos (2022), mientras que Alemania y Suiza registran 129 y 125 respectivamente. En España, en 2023 se practicaron 103.097 abortos, con una tasa de 12,22 por cada 1.000 mujeres de 15 a 44 años, y un 24 % de las concepciones interrumpidas, el porcentaje más alto de su historia. Esto sitúa a España entre los países de la UE con mayores tasas, tras Francia, Suecia y Bulgaria.

Ese mismo año, unas 39.000 mujeres murieron por abortos inseguros, la mayoría en países con bajos ingresos: más del 60 % en África y el 30 % en Asia. Si en 2022 murieron 140 millones de personas por enfermedades graves (SIDA: 2 millones; cáncer: 10 millones; otras: 17 millones), la suma de todas ellas (67 millones) no alcanza la cifra global de abortos (73 millones). Aunque el Derecho no reconoce la condición de persona al no nacido, muchos están convencidos de que lo es y de que, de no haberse interrumpido su gestación, hoy serían bebés con pleno estatuto jurídico.

Shakespeare (1564–1616) puso en boca de Macbeth, en *Macbeth* (1606), estas palabras sobre la fragilidad de la existencia: "La vida no es más que una sombra que pasa; un pobre actor que se pavonea y se agita durante su hora en el escenario y después no se le oye más". La banalización del valor de la vida en las cifras del aborto recuerda este despojamiento de sentido: vidas reducidas a sombras fugaces que apenas dejan rastro.

Como escribió Jonathan Swift (1667–1745) en su *Modesta proposición* (1729), con la ironía amarga de quien denuncia la miseria humana: "Un niño joven, sano y bien alimentado es, al cumplir un año, un alimento sumamente delicioso, nutritivo y saludable". La sátira de Swift contra una sociedad que banalizaba la vida de los pobres quizá resuena hoy cuando millones de vidas humanas en gestación se convierten en cifras anónimas.

En cualquier caso, el aborto no es una novedad del siglo XXI. Ha existido siempre y, lamentablemente, seguirá existiendo. Aquí es pertinente recordar a Platón: si el ser humano actuara siempre conforme a la razón, no serían necesarias leyes que regularan su conducta. Lo legal sería lo racional, y la racionalidad guiaría nuestros actos sin necesidad de normas. Aplicado al aborto, algunos parecen reclamar –consciente o inconscientemente– esta coherencia platónica: no comprenden por qué una sociedad con libertad y fácil acceso a anticonceptivos mantiene tasas tan altas. Se preguntan por qué no es posible reducirlas con medidas preventivas o por qué, en vez de educar para evitarlo, se presenta el aborto como algo positivo, un derecho cuyo ejercicio no deba ser obstaculizado, favoreciendo así su normalización y promoción.

## "Diálogo de sordos" e incomprensión

Es difícil encontrar un tema tan relevante como el aborto en el que las posiciones estén más polarizadas y enfrentadas. Las partes parecen incapaces de entender la postura contraria, hasta el punto de dar por concluido cualquier debate antes de que este comience realmente.

En torno al aborto se ha dialogado poco y mal. Con frecuencia, el intercambio de argumentos se convierte en un "diálogo de sordos", en el que dos o más personas hablan sin escucharse de verdad ni esforzarse por comprender lo que el otro dice. Es como si, aun hablando el mismo idioma, emplearan lenguajes distintos. La conversación no avanza porque cada interlocutor se mantiene encerrado en su propia visión, sin tomar en serio el mensaje del otro, lo que conduce a la incomprensión mutua y a una ignorancia compartida.

Lo grave no es solo la falta de respeto implícita en el prejuicio de creer que uno posee toda la verdad y que el otro nada tiene que aportar, sino la ausencia de perspectiva que impide entender a fondo el propio posicionamiento. Quien se deja arrastrar por el prejuicio no solo es incapaz de dialogar, sino también de pensar con autonomía y de adquirir una comprensión cabal de sus ideas. El prejuicioso cree entender, pero no entiende y soporta mal que se le lleve la contraria.

En torno al aborto abundan prejuicios de diversa naturaleza y presentes en todas las partes. Para muchos partidarios de su legalización, la postura contraria responde a motivaciones religiosas y busca imponer creencias propias a los demás. Por su parte, muchos detractores parecen reducir la cuestión a que cada aborto constituye un atentado contra la vida humana que debe castigarse penalmente. Ambas posturas son matizables. Llama la atención la tendencia proabortista a identificar cualquier oposición con planteamientos ultrarreligiosos, así como el rigorismo de ciertos antiabortistas que emiten juicios condenatorios sin perspectiva ni la mínima compasión humana.

El propósito de este libro no es apologético, sino ilustrativo. No busco defender mi postura –que, lógicamente, tengo–, sino describir las claves que permitan comprender el proceso que ha llevado a la situación actual. Quiero que este texto sea útil a quienes están a favor y a quienes están en contra, para entender el fenómeno del aborto en nuestro tiempo. Para ello reconstruiré la situación presente, fruto de un proceso complejo y, en buena medida, desconocido tanto para defensores como para detractores.

Hoy, por desgracia, nos hemos acostumbrado al prejuicio, al "diálogo de sordos" y a una escasa comprensión del fenómeno del aborto. Este libro propone claves para comprender dónde estamos y cómo hemos llegado hasta aquí, ofreciendo elementos de reflexión que permitan abandonar visiones prejuiciosas y abrir un diálogo sin posturas defensivas ni descalificaciones, sin ver al discrepante como adversario o amenaza.

## Una perspectiva futura del presente

No es fácil entender la época en la que uno vive. Para lograrlo, es necesario alejarse un poco de los acontecimientos, observarlos con perspectiva y analizarlos sin la inmediatez que suele distorsionar la visión. Por eso, reconstruir la historia reciente o narrar hechos de nuestro tiempo no es tarea sencilla: la cercanía a los mismos hace que sea fácil pasar por alto aspectos que el tiempo y la distancia harían más visibles. Esta dificultad marca una notable diferencia entre el trabajo del periodista, más inmediato, y el del historiador, que examina los procesos con el margen que proporciona el paso de los años.

Bajo esta óptica, tratar de comprender el fenómeno del aborto en el siglo XXI por alguien que vive en este mismo siglo podría parecer contradictorio, más aún si, como en mi caso, no soy periodista sino jurista dedicado a historiar el Derecho y a estudiar su evolución a lo largo del tiempo. Sin embargo, no es posible entender el aborto actual sin conocer el siglo XX, porque fue entonces cuando resurgió y se configuró, incluso en años en los que yo aún no había nacido. Además, las raíces ideológicas que contribuyeron a conformar la mentalidad permisiva hacia el aborto se remontan al siglo XIX. Por eso, este libro subraya la importancia de conocer la historia de este fenómeno para comprenderlo, sea cual sea la postura que uno adopte.

Existe, además, una tendencia humana muy arraigada: condenar las costumbres y las instituciones del pasado sin esforzarse por comprender la cultura y la mentalidad que las hicieron posibles. Es fácil juzgar severamente a nuestros antepasados por su tolerancia hacia la esclavitud, la discriminación de la mujer o el racismo, convencidos de que estas prácticas son moralmente injustificables, y creernos con ello plenamente legitimados para tacharlos de bárbaros e incivilizados. En ocasiones, incluso llegamos a considerar sospechoso a quien intenta comprenderlos, como si comprender equivaliera a justificar.

Este planteamiento es erróneo. **Comprender no significa compartir ni justificar.** Entender en profundidad fenómenos como la esclavitud medieval o moderna no implica aprobarlos ni justificarlos. Condenarlos sin conocer su contexto cultural e histórico es adoptar un moralismo esencialista que, en realidad, resulta superficial porque ignora el peso de las circunstancias, las cuales desempeñan un papel clave en la valoración moral. Además, los juicios condenatorios emitidos desde esa visión rígida suelen ser más severos que los de quienes comprenden la complejidad de la realidad. Admitir esta complejidad nos acerca a las cosas tal como son y nos ayuda a emitir juicios más prudentes, centrados en las conductas y no en las personas. Juzgar a alguien sin conocer bien todas las circunstancias –y menos aún su mundo interior e intenciones– es, casi siempre, un error. No es una idea nueva: ya en *El Quijote* encontramos una advertencia en este sentido. El bachiller Sansón Carrasco, al hablar con don Quijote y Sancho, distingue con lucidez entre el poeta y el historiador:

> "Así es –respondió Sansón–; pero uno es escribir como poeta y otro como historiador: el poeta puede contar o cantar las cosas, no como fueron, sino como debían ser; y el historiador las ha de escribir, no como debían ser, sino como fueron, sin añadir ni quitar a la verdad cosa alguna" (Parte II, cap. III).

Como historiador del Derecho, me dedico a estudiar el pasado para comprenderlo y transmitirlo a la comunidad científica, a mis estudiantes y a la sociedad. El pasado, aunque lejano, es clave para entender la realidad presente. Tanto si su relación con el presente es inmediata como si no, comprender la sociedad –en el pasado y en el presente– siempre es mejor que ignorarla o quedarse en un conocimiento superficial. El ser humano y la sociedad maduran cuando están anclados en la realidad y no en tópicos, mitos o falsedades.

En este sentido, me preocupa que en Occidente falte comprensión del fenómeno del aborto incluso dentro de la propia sociedad que lo sostiene, tanto entre sus partidarios como entre sus detractores. Entre los primeros, abundan quienes opinan que cuanto menos se hable de este tema, mejor; que, una vez asumidas las cifras actuales y reconocido políticamente el derecho a abortar, lo conveniente es que el debate se apague. Como esto no es posible, el paso siguiente podría ser la penalización de la discrepancia, lo que supondría una novedad jurídica inquietante: no conozco casos de sanción por disentir del ejercicio de otros derechos, como los de expresión, reunión o asociación.

Si esta misma sociedad, tan inclinada a condenar despiadadamente el pasado con escasa comprensión de su contexto histórico-cultural, se muestra además incapaz de entenderse a sí misma en relación con el aborto, ¿qué juicio merecerá? Tal vez dentro de una década, o de cinco, o incluso de un siglo, la humanidad vea este fenómeno con toda su crudeza: como una mentalidad que otorga a la mujer embarazada un periodo para eliminar la vida humana que lleva en su seno, a fin de gozar de la misma libertad sexual que el varón. Ese plazo varía según las legislaciones −14 semanas en países como España; 24 semanas en Inglaterra y Gales hasta 2025− e incluso puede llegar, como en la reforma británica de ese año, a autorizar la ingestión de una píldora abortiva poco antes del parto.

Una vez se presenta el aborto como algo positivo desde la perspectiva de la mujer −no desde la óptica de la vida humana en gestación, que queda casi completamente supeditada a su autonomía−, apenas importa si el plazo es de 6, 14, 30 semanas o incluso más: con el tiempo, la sociedad acaba naturalizando lo que antes consideraba una línea infranqueable.

Este libro está dirigido a dos tipos de lector. El primero es el contemporáneo, que, con independencia de estar a favor o en contra, busca comprender un fenómeno característico de la sociedad actual. El texto no es apologético, sino descriptivo y analítico; no pretende convencer, sino aportar las claves para entenderlo, dejando al final mi propuesta personal para que cada cual forme su propio juicio. El segundo lector es el del futuro, el de una sociedad que considere el aborto contrario al espíritu humanitario. Para él, este libro será una herramienta útil para entender la cultura y la mentalidad que permitieron su generalización, incluso si en ese futuro también haya quienes nos condenen sin esfuerzo por comprendernos.

## Comprender el aborto: saber lo que nos pasa y por qué nos pasa

Como señaló José Ortega y Gasset, "no sabemos lo que nos pasa, y eso es precisamente lo que nos pasa". Esta afirmación resume, con precisión, una de las grandes carencias de nuestro tiempo: a menudo desconocemos en profundidad tanto nuestra propia realidad personal como la sociedad en la que vivimos.

Cada ser humano es fruto de su singularidad, pero también del entorno cultural y social en el que se forma. La sociedad moldea nuestras ideas, nuestros sentimientos, nuestra forma de amar, de hablar y de relacionarnos. Determina en gran medida cómo nos tratamos a nosotros mismos y cómo tratamos a los demás. Por eso, desconocerse a uno mismo y desconocer el contexto cultural en el que se vive equivale a caminar a ciegas.

La ceguera física puede compensarse con otros sentidos y no impide necesariamente una vida plena y con propósito. La ceguera existencial o espiritual, en cambio, priva de la capacidad de vivir de un modo plenamente humano: impide verse a sí mismo y comprender el mundo que nos rodea, limita nuestra libertad interior y nos deja a merced de inercias culturales que no analizamos.

En el caso del aborto, esta falta de autoconocimiento y de comprensión social conduce a un doble problema:

1. **La superficialidad del debate**, donde prevalecen prejuicios, etiquetas y juicios rápidos en lugar de un análisis sereno.

2. **La incapacidad de situar el fenómeno en su contexto histórico y cultural**, lo que impide entender cómo hemos llegado hasta aquí y por qué seguimos en este punto.

Este libro busca ofrecer al lector –partidario o detractor del aborto– una reconstrucción del proceso que ha conducido a la situación actual. No se trata de imponer conclusiones, sino de aportar las claves necesarias para que cada uno pueda pensar por sí mismo, dejando a un lado visiones simplistas o meramente emocionales.

Comprender el aborto, en este sentido, significa entender no solo los hechos y cifras, sino también las ideas, cambios culturales y decisiones políticas que lo han configurado. Implica examinar el presente con la perspectiva del pasado y con una mirada que anticipe cómo podría juzgarlo el futuro. Solo así podremos responder, con honestidad intelectual, a las preguntas esenciales: *¿qué nos pasa?* y *¿por qué nos pasa?*

## El cambio de paradigma cultural

Para comprender un fenómeno tan profundamente enraizado en la cultura y la mentalidad actuales como el aborto, es imprescindible tomar distancia. Hay que mirar la sociedad en la que vivimos con cierta perspectiva, evitando tres errores: pensar que la realidad actual siempre ha sido así (falso), que permanecerá igual en el futuro (falso) o que es la única o la mejor posible (también falso).

Tan desacertada es la actitud de quien se aferra al pasado y se cierra al futuro (conservadurismo tradicionalista) como la de quien da por hecho que el futuro será necesariamente mejor que el presente y que este lo es respecto del pasado (progresismo ingenuo). Es sensato conservar ciertos valores y, a la vez, estar abiertos a progresar, pero carece de sentido caer en los extremos: quienes solo buscan preservar la tradición sin atender al presente y al porvenir, o quienes rechazan sistemáticamente el pasado y la tradición en nombre de un progreso prometido. Ambas perspectivas son simplistas y reduccionistas.

El aborto es, en gran medida, la punta del iceberg de un cambio mucho más profundo: una transformación radical en la manera de concebir al ser humano, la sociedad y el mundo. Una vez se entiende este cambio de paradigma cultural, el aborto se presenta como una consecuencia lógica de la nueva visión.

No oculto mi posición contraria al aborto, pero al mismo tiempo reconozco que lo comprendo mejor que muchas personas que lo apoyan. Como se ha dicho, comprender no implica compartir. Es posible comprender y estar en contra, como también es posible estar a favor sin entender realmente su origen, aceptando de forma acrítica la mentalidad dominante e ignorando las raíces de las ideas y argumentos que se esgrimen en su defensa.

No se puede entender el aborto en el siglo XXI sin comprender el nuevo concepto de libertad —en general— y de libertad sexual –en particular–, así como el papel del movimiento feminista. Esto exige un conocimiento mínimo de algunos autores cuyas ideas nutrieron y consolidaron ese cambio de paradigma. El ciudadano medio, incluso el que posee formación universitaria, rara vez es consciente de cuánto influyen en su vida autores que apenas le suenan. Entre ellos, en lo referente a la libertad y a la libertad sexual, destacan David Hume, René Descartes, John Stuart Mill, Friedrich Nietzsche, Sigmund Freud y Simone de Beauvoir.

El nuevo paradigma ideológico de la libertad sexual, que analizo en el capítulo 2, tuvo un momento decisivo en la revolución de Mayo del 68 en París, hecho clave para comprender el cambio en el significado de la sexualidad y de las relaciones sexuales (capítulo 3). Posteriormente, esta visión fue incorporada a los ordenamientos penales occidentales, dando lugar a las primeras despenalizaciones del aborto en países como Inglaterra, Canadá, Francia, Turquía y Estados Unidos (capítulo 4).

Asimismo, la ONU impulsó la libertad sexual mediante sus conferencias internacionales (capítulo 5). Con el tiempo, estas ideas penetraron de forma generalizada en la mentalidad social a través de leyes, sistemas educativos y manifestaciones culturales, especialmente en la música, el cine y, más recientemente, las series (capítulo 6). La aceptación social de este nuevo paradigma hizo que la despenalización o legalización del aborto pareciera un paso lógico, como analizo en el caso de España entre 1985 y 2025 (capítulo 7).

Llegados a este punto, cabe preguntarse si existe un derecho al aborto (analizando los casos español y francés) (capítulo 8), y si es posible replantear el aborto en términos menos enfrentados, superando el antagonismo entre la autonomía de la mujer y la protección de la vida naciente (capítulo 9). En ese capítulo expongo mi propuesta, consciente de la dificultad de encontrar soluciones en una sociedad que, en gran medida, ha asumido una visión individualista, materialista y hedonista de la sexualidad. Mientras esta concepción siga vigente, el aborto será su consecuencia lógica: un precio muy alto, no solo por las vidas humanas que no llegarán a nacer, sino por la insensibilidad de una sociedad que tolera la satisfacción inmediata de los deseos sexuales, pero es poco solidaria con los más vulnerables, incluidas las mujeres que acaban viéndose abocadas a abortar.

## 2. Claves ideológicas de la libertad sexual como nuevo paradigma cultural

El ser humano está hecho para vivir en libertad. De forma natural, nadie acepta de buen grado que le dicten qué debe hacer, aunque no son pocos quienes, por comodidad, prefieren seguir indicaciones para no tener que pensar, decidir y asumir responsabilidades. En cualquier caso, la mayoría cree vivir como quiere, sin advertir que, en realidad, lo hace conforme a los parámetros culturales dominantes en su sociedad.

Llama la atención –como ya señalé– que pocos conozcan con profundidad la doctrina de grandes pensadores del pasado, pese a que, en la práctica, vivan de acuerdo con sus postulados sin ser conscientes de ello. A continuación, veremos el pensamiento de algunos autores que, a mi juicio, han influido decisivamente en la configuración del nuevo paradigma de libertad sexual que, con el tiempo, ha derivado en una mentalidad permisiva hacia el aborto.

Occidente experimentó desde los años sesenta un cambio radical de paradigma moral. Mayo del 68 fue, en Europa, su expresión más visible, aunque sus raíces inmediatas hunden sus raíces en corrientes filosóficas como el empirismo y utilitarismo anglosajones –con figuras como David Hume y John Stuart Mill–, pasan por el nihilismo de Friedrich W. Nietzsche (1844-1900) y llegan al psicoanálisis de Sigmund Freud (1856-1939), considerados estos dos últimos como algunos de los intelectuales más influyentes en la cultura occidental moderna.

## Del super-hombre (Nietzsche) a la satisfacción del deseo sexual (Freud)

El superhombre de Nietzsche −ese ser plenamente consciente de su propio poder y dominio sobre sí mismo y sobre los demás (voluntad de poder), que "está más allá del bien y del mal"− parte del nihilismo y de la proclamación de la muerte de Dios. Con Dios "muerto", el hombre puede deshacerse de las imposiciones de la moral de los esclavos y acceder a una nueva moral, la de los señores (*La gaya ciencia*, 1882; *Así habló Zaratustra*, 1883-1885). Y en esta línea, poco antes Dostoyevski puso en boca de Iván Karamázov, uno de los personajes de su novela *Los hermanos Karamázov* (1879-1880), la afirmación de que, si Dios no existe, entonces todo está permitido.

Nietzsche no buscó suprimir la moral, sino transformarla. En esta nueva moral se niega la existencia de un espíritu o alma capaz de "despreciar los instintos primordiales de la vida", entre ellos la sexualidad. Consideraba carente de sentido toda moral que predicara la existencia de un espíritu que pudiera contrariar el deseo sexual por considerarlo impuro. Como escribió en *El ocaso de los ídolos* (1889), la moral ascética enseñó a despreciar los instintos originarios de la vida, inventando un alma o un espíritu para ultrajar el cuerpo, y calificando la sexualidad como algo impuro, mientras exaltaba el altruismo como valor superior, pese a ser, a su juicio, un síntoma de decadencia.

Nietzsche denunció una inversión de valores: lo vital y lo instintivo se ha degradado, mientras que lo que contradice a la naturaleza se ha elevado a virtud suprema. Así, deslegitima toda moral que reprima la sexualidad bajo pretextos espirituales o religiosos, abriendo paso a una ética centrada en la afirmación de la vida y de los instintos.

Sigmund Freud, confiriendo estatus científico a la noción de lo inconsciente presente en Nietzsche –y también en Schopenhauer y Eduard von Hartmann–, desarrolló conceptos como el "deseo inconsciente" y la "represión". En *La moral sexual "cultural" y la nerviosidad moderna* (1908), Freud sostuvo que "la dañina sofocación de la vida sexual por obra de la moral sexual 'cultural' imperante es la causa principal de la nerviosidad moderna". Más tarde, en *El malestar en la cultura*, afirmó sin ambages que "nuestra cultura descansa sobre la coerción de los instintos", y explicó que quienes no logran adaptarse a esa represión generalizada quedan al margen del orden social y son percibidos como antisociales o delincuentes.

Esta coerción genera dos reacciones: algunos aceptan sus consecuencias y viven al margen de las normas, mientras que otros logran solo una inhibición parcial de sus instintos, lo que denomina "inhibición frustrada". En estos casos, el deseo reprimido, pero no exteriorizado, se convierte en obstáculo para cualquier actividad social, provocando "fenómenos sustitutivos" como la nerviosidad o la psiconeurosis. De ahí su afirmación: "Se encontrarían mejor si les hubiera sido posible ser peores".

Freud observaba que en una misma familia podían encontrarse "hombres sanos, pero inmorales hasta un punto indeseable" junto a "mujeres nobles y refinadas, pero gravemente nerviosas". En otras palabras, concluía que resultaba más saludable la inmoralidad sexual –vivir al margen de constricciones socio-culturales– que una represión que derivase en patologías neuróticas.

Tampoco el matrimonio, según él, evitaba este riesgo: la moral sexual cultural imponía restricciones incluso dentro de él. Tras unos años de mayor satisfacción, las limitaciones regresaban, obligando a reprimir nuevamente el instinto sexual. Esto conducía a que el hombre buscara, aunque fuera en secreto y a disgusto, otras vías para satisfacer su deseo, mientras que muchas mujeres, condicionadas por las desilusiones conyugales, desarrollaban neurosis persistentes. Freud llegó a sostener que, para ellas, "el remedio de la nerviosidad originada por el matrimonio sería la infidelidad conyugal", aunque cuanto más severa había sido su educación, más miedo inspiraba esta opción, refugiándose entonces en la enfermedad como "protección" de su virtud.

En cualquier caso, Freud no aconsejaba la represión sexual como vía para evitar patologías, sino que defendía el goce del instinto sexual, del que –a su juicio– dependía la energía vital para otros fines. En sentido negativo, advertía que quienes renuncian a la satisfacción sexual se vuelven más conformistas y menos activos. También sostenía que la "inferioridad intelectual" de muchas mujeres se debía a la prohibición cultural de reflexionar sobre cuestiones sexuales, prohibición que se extendía luego a otras áreas del pensamiento.

Aunque en obras posteriores llegó a preguntarse si ciertas restricciones podían provenir de la propia naturaleza de la pulsión sexual –y no solo de la presión cultural–, lo esencial de su legado no fueron estas dudas, sino la idea de que la realización humana pasa más por la satisfacción del deseo sexual que por el sometimiento a normas morales impuestas culturalmente y generadoras de neurosis.

Autores posteriores como Alfred Kinsey, Herbert Marcuse, Wilhelm Reich o Jacques Lacan –cada uno con su propio enfoque– mantuvieron viva esta herencia freudiana y contribuyeron a la difusión de un ideario que rechazaba cualquier norma moral represiva frente al instinto sexual. Sin esta influencia, difícilmente podría comprenderse el cambio cultural que cristalizó en Mayo del 68.

Ovidio, en su *Ars amatoria* (ca. 2 a. C.), describió un eros convertido en juego hedonista, donde el amor aparece como una técnica de seducción basada en la astucia y el engaño. Si "el arte consiste en ocultar el arte", cabía aplicar esa lógica también al juego amoroso. Lo que en la Roma imperial se celebraba como ligereza de costumbres, unos siglos más tarde se convertiría en Occidente en el "nuevo" paradigma cultural.

## Libertad y consentimiento como criterios absolutos de moralidad: David Hume y John S. Mill

Rechazar cualquier norma moral –sea de origen social, cultural, religioso u otro– que restrinja la conducta sexual no significa necesariamente defender un comportamiento amoral o inmoral. Supone, más bien, un cambio de paradigma moral. Las ideas de Freud, unidas al sustrato liberal y utilitarista del siglo XIX, como el que encarna John Stuart Mill en su obra *Sobre la libertad* (1859), convertida en el vademécum de los campus universitarios norteamericanos en la segunda mitad del siglo XX, marcaron este cambio y dieron lugar a una nueva moral sexual: la moral sexual liberal.

En *On Liberty*, Mill se refiere a "una esfera de acción en la que la sociedad, como distinta del individuo, no tiene más que un interés indirecto, si es que tiene alguno". Esta esfera consta de tres principios. Junto al de libertad de conciencia –inseparable, en la práctica, de la libertad de expresión– y al de libertad de asociación, menciona otro: la "libertad humana", entendida como "libertad de gustos y de inclinaciones". Así lo expresa:

> "En segundo lugar, el principio de la libertad humana requiere la libertad de gustos y de inclinaciones, la libertad de organizar nuestra vida siguiendo nuestro modo de ser, de hacer lo que nos plazca, sujetos a las consecuencias de nuestros actos, sin que nuestros semejantes nos lo impidan, en tanto que no les perjudiquemos, e incluso, aunque ellos pudieran encontrar nuestra conducta tonta, mala o falsa".

Mill no menciona en ningún momento la sexualidad, pero resulta evidente que esta se inscribe –tras la influencia nietzschiana y freudiana– en esa "libertad de gustos y de inclinaciones". De hecho, cabe preguntarse si existe algún gusto o inclinación física más paradigmática, una vez colmada la necesidad de alimentarse, que el deseo de satisfacer la pulsión sexual.

La influencia de David Hume en Mill, al referirse a la citada "libertad de gustos y de inclinaciones", parece clara. Hume formuló una afirmación que resonó profundamente en la doctrina de Mill:

> "La razón es, y sólo debe ser, esclava de las pasiones, y nunca puede pretender tener otro oficio que el de servirlas y obedecerlas".

Oponiéndose al racionalismo, Hume fue el primer gran filósofo emotivista, basando su ética en las pasiones o en el sentimiento, y no en principios o verdades morales comprensibles para la razón. Con esta afirmación, recogida en su *Tratado de la naturaleza humana*, en la sección "De los motivos que influyen la voluntad", Hume se distanció de quienes defendían que el conocimiento racional de las verdades morales era esencial para motivar la conducta moral o que la razón era la gran fuerza que la impulsaba. Según Hume, la razón carece de fuerza para motivar por sí misma; la motivación proviene únicamente de las pasiones o deseos. Dicho de otro modo: solo es posible actuar moralmente si se siente un deseo persuasivo de hacerlo, y no por el mero conocimiento de verdades morales.

Al afirmar que "la razón es esclava de las pasiones", Hume señalaba que, siendo estas las que determinan el comportamiento humano, la razón se ve arrastrada y guiada por ellas. No dijo que esto fuera bueno o malo; lo presentó como un hecho básico de la psicología humana.

En cuanto a la razón práctica, Hume le asignaba un papel exclusivamente instrumental: descubrir qué medios permiten alcanzar un fin ya decidido por el deseo. La razón no establece los objetivos; estos los fijan las pasiones. Y como los deseos no pueden ser calificados de verdaderos o falsos, razonables o irracionales —pues son "existencias originales" de nuestra mente, surgidas de causas naturales desconocidas—, nadie puede ser criticado racionalmente por sus pasiones. Así lo ilustra con un ejemplo extremo:

> "No es contrario a la razón preferir la destrucción del mundo entero al arañazo de mi dedo. No es contrario a la razón, para mí, preferir mi total ruina para evitar el menor sufrimiento a un indio o a un hombre totalmente desconocido. Tampoco es contrario a la razón el preferir lo mío, aunque reconocido como menos bueno, a lo que es mejor y experimentar una más ardiente afección por lo primero que por lo último. Un bien insignificante puede en ciertas circunstancias producir un deseo superior al que surge del goce más grande y valioso, y no hay nada que sea

más extraordinario en esto que el ver en la mecánica que una libra de peso equivale a cien por la ventaja de su situación. En breve, una pasión debe ir acompañada de algún juicio falso para ser irracional, y aun así no es, propiamente hablando, la pasión irracional, sino el juicio".

El empirismo de Hume impide conectar lo verdadero o lo falso con el objeto de la moral –pasiones, voliciones y acciones–. Para él, es la actividad humana la que conforma la regla moral, y no al revés. De ahí su denuncia de la "falacia naturalista": no cabe derivar un "deber ser" (lo que debería ser) a partir de un "ser" (lo que es). Es decir, no se puede concluir que algo es bueno o correcto simplemente porque sea natural u ocurra en la naturaleza. Esta falacia surge, según Hume, de confundir proposiciones fácticas (que describen lo que es) con proposiciones normativas (que prescriben lo que debe ser), y ambas son lógicamente distintas.

En definitiva, Hume sostenía que la conducta moral está guiada por las pasiones o deseos, y la razón se limita a seguirlos. Como no puede distinguir entre lo verdadero y lo falso, entre lo bueno y lo malo, tampoco puede corregir o censurar a la pasión. Bajo esta concepción, no existen principios éticos universales que rijan la conducta humana: es la propia conducta la que genera esas reglas, cuyo contenido puede variar radicalmente con el tiempo. El empirismo de Hume se situó así en el extremo opuesto del racionalismo, enalteciendo pasiones y deseos que vagan al margen de parámetros racionales. Para Hume, lo sensato es seguir los impulsos del deseo y no los dictados de la razón. Las consecuencias de este planteamiento, visibles hoy, desembocaron en sentimientos de sinsentido y desesperación, como reflejó la filosofía existencialista y, en particular, Sartre con su conocida afirmación: "el hombre es una pasión inútil".

Con todo, la doctrina de Hume sobre el apetito sexual y su relación con el matrimonio y la familia no fue libertaria. Para él, la familia se basa en un deseo natural —el apetito entre los sexos— que intensifica cualquier otro afecto. Este apetito no se reduce a la unión física, sino que abarca todo lo que preserva la unión entre los esposos. Así, una relación entre los sexos podía llamarse "amorosa" si la pasión incluía no solo el apetito sexual, sino también amabilidad y estima mutuas. Además, la familia se consolidaba con la "preocupación por la prole común", que extendía el vínculo del varón y la mujer a la relación padres-hijos, dando lugar a una comunidad familiar marcada por el equilibrio entre la autoridad y el afecto naturales de los padres hacia sus hijos.

## La emancipación de la mujer: el feminismo marxista e individualista de Simone de Beauvoir

Aunque la mayoría de quienes contribuyeron al nuevo paradigma moral sexual —o a su "destabuización"— no buscaban avanzar en la igualdad entre hombres y mujeres (Nietzsche, Freud, Reich, Lacan, etc.), algunas corrientes feministas vieron en el libre consentimiento un criterio moral capaz de "liberar" a la mujer de las exigencias sociales o culturales —de origen filosófico o religioso— que le impedían disfrutar del sexo en condiciones comparables a las de los hombres.

Que i) la mujer tuviera el deber de una honestidad que no se exigía al hombre, que ii) la infidelidad femenina —o adulterio— fuera más censurada socialmente y castigada penalmente que la masculina, que iii) se distinguiera entre mujeres "honestas" (esposa y madre) y "deshonestas" (prostituta), que iv) el papel principal en el cuidado y educación de los hijos recayera en la mujer, impidiéndole otros proyectos vitales, y que v) el uso de anticonceptivos fuera reprobado social y religiosamente, evitando que pudiera gozar del sexo sin embarazo y las cargas derivadas, eran aspectos que podían transformarse radicalmente si, junto al dominio de la técnica contraceptiva, se producía un cambio moral profundo. Ese cambio pasaba por desvincular la sexualidad del matrimonio y la procreación, superando la idea de que su marco natural era el matrimonio y que su fin era la reproducción. Con la contracepción, el sexo podía vivirse dentro o fuera del matrimonio, sin temor al embarazo y sin recurrir al aborto.

Wilhelm Reich, discípulo de Freud, defendió ideas en esta línea, aunque sin reivindicar la igualdad entre sexos. Según él, "el sexo ligado a la reproducción y el matrimonio monógamo impedían la felicidad sexual de las familias trabajadoras; la educación familiar y la falta de independencia económica y de vivienda impedían la de los jóvenes". Creía que "solo una revolución social podría conducir a la plena satisfacción sexual de toda la población, y por tanto a la felicidad y bienestar universales", y apoyaba la contracepción, el divorcio y la educación sexual desde la infancia.

Reich impulsó la revolución sexual, pero no el feminismo. Algo similar ocurrió en Mayo del 68: la reivindicación feminista llegó después, apoyada en bases intelectuales previas como las de Simone de Beauvoir, autora de *El segundo sexo* (1948), escrito dos décadas antes de esa revolución.

La noción de "amor libre", vinculada al lema "Haz el amor y no la guerra", ya estaba en De Beauvoir. Su pensamiento, con fondo marxista, coincidía con Engels en que la industrialización había favorecido la liberación femenina. Como afirmó Bebel, "la mujer y el trabajador tienen en común que ambos son oprimidos". Si el amor libre reivindicaba el sexo fuera del matrimonio y la familia, De Beauvoir proponía el desmantelamiento de "la familia patriarcal fundada en la propiedad privada", donde "la mujer está oprimida" y "el hombre reina como soberano". Para ella, la opresión social de la mujer derivaba de su opresión económica en ese marco familiar.

Su enemigo principal era el matrimonio, seguido de la maternidad y de una "Naturaleza" que tendía a subordinarla. Según De Beauvoir, el matrimonio era "radicalmente diferente" para hombres y mujeres: él era un individuo autónomo y productor, mientras que ella, por su papel reproductor y doméstico, no tenía garantizada la misma dignidad. Las cargas familiares recaían casi por completo sobre la mujer. Romper con el mito de la feminidad y vivir plenamente como ser humano pasaba, para ella, por evitar el matrimonio, donde el "prestigio viril" sostenido en bases económicas y sociales seguía subordinándola.

El rechazo de la maternidad estaba ligado al de la "Naturaleza", que en su visión reforzaba la opresión femenina. Las diferencias biológicas hacían que en el acto sexual y en la maternidad la mujer comprometiera no solo tiempo y energía, sino también valores esenciales. Para De Beauvoir, esas circunstancias podían atentar contra su libertad. Y advertía que, aunque no podía obligarse directamente a una mujer a dar a luz, sí podían imponérsele condiciones sociales —leyes, costumbres, prohibición de anticonceptivos, aborto o divorcio— que hicieran de la maternidad su única salida.

Aunque Mayo del 68 fue más una revolución sexual patriarcal que feminista, coincidía con las reivindicaciones que De Beauvoir había formulado antes. Ella criticó que el hombre tuviera socialmente reconocido el derecho a satisfacer sus deseos sexuales, mientras que la mujer estaba destinada a la castidad y solo podía satisfacerlos en el matrimonio, con un lecho conyugal convertido en "servicio" al marido, sin reciprocidad. Para ella, cuanto más se había expandido la "Naturaleza" en la mujer, más se había esclavizado su sexo.

De Beauvoir defendía que el deseo sexual en la mujer era más complejo que en el hombre. Lamentaba que muchas mujeres vivieran para agradarles y que su "ser-para-los-hombres" definiera su condición. Según su visión, la "desfloración" matrimonial convertía el cuerpo femenino en objeto pasivo del marido. En el fondo, defendió una masculinización de la mujer: liberarla del embarazo, de la crianza y del amamantamiento, y promover un goce sexual libre, rápido y múltiple, al estilo masculino. Sin embargo, esto ignoraba la realidad biológica: el cuerpo femenino y su fisiología sexual no responden a la lógica de los andrógenos, sino a la de los progestágenos, requiriendo tiempos y estímulos distintos. Alterar ese sustrato biológico podía, según esta crítica, desembocar en consecuencias patológicas.

El modelo de emancipación que gran parte del feminismo ha tomado de Beauvoir reproduce –paradójicamente– la peor versión del modelo masculino: desentenderse del hogar y la prole, olvidando que la mujer está biológicamente dispuesta para gestar y que la reproducción exige tiempo que el hombre no necesita invertir. Desde la psicología, el deseo de ser madre es, en muchas mujeres, tan intenso o más que el de autoconservación, y supera al deseo sexual, orientado biológicamente a la maternidad. Pero De Beauvoir sostenía que era mejor no dejar siquiera abierta la opción de la maternidad, para evitar que "demasiadas" mujeres la eligieran, y abogaba por "forzarlas" hacia otra dirección.

El principio del consentimiento como criterio básico en la conducta sexual supuso también, aunque sin llegar a los extremos de De Beauvoir, la emancipación de la mujer: concebir el sexo como ámbito de placer y realización personal, usar anticonceptivos o recurrir al aborto para evitar consecuencias no deseadas, y romper con el deber diferencial de honestidad. Si el consentimiento dependía solo de la libertad individual, sin distinción de sexo, la mujer adquiría una posición distinta. Muchas siguieron la revolución de Mayo del 68 con una "envidia" que anticipaba una década clave para su emancipación sexual.

De Beauvoir defendió un feminismo extremista en dos sentidos: por lo radical de sus propuestas y por nutrirse de dos corrientes opuestas –marxismo e individualismo–. Sobre este último, existe un vínculo estrecho con la gratificación del deseo sexual. La filosofía individualista, que concibe la libertad como independencia de los demás, desembocó desde una fase economicista en otra –a partir de los sesenta– marcada por el hedonismo, el consumo y la búsqueda de gratificación inmediata. En este contexto, nociones como compromiso y responsabilidad se percibían como represivas. Surgió así un feminismo individualista o de emancipación, frente al feminismo de la complementariedad, que aceptaba diferencias pero defendía la igualdad de derechos y deberes.

Esta "cultura de la separación", asociada al individualismo, se tradujo en desvincular el enamoramiento del compromiso moral y jurídico de fidelidad. Se rechazó el derecho a establecer obligaciones recíprocas entre cónyuges, especialmente la fidelidad a largo plazo. El resultado fue la disolución de relaciones duraderas y el pronóstico de que las uniones vitalicias serían cada vez menos comunes, incluso separando el compromiso con los hijos del matrimonio. La idea de compromiso se veía como algo represivo y chocaba con la cultura de lo instantáneo, derivando en rechazo a toda institución que limitara una libertad guiada por decisiones temporales y emocionales.

Este individualismo no solo afectó al matrimonio: dañó todo tipo de relaciones –de pareja, amistad, negocios, política–, al entender la libertad como independencia absoluta y reducir al otro a mero complemento de necesidades propias. Este enfoque, como ya advirtió Tomás de Aquino, puede derivar en violencia: si las relaciones se conciben como propiedad, el consentimiento del otro se ve como accesorio. Aunque es necesario castigar estas conductas, no debe ignorarse que sus raíces están en una concepción individualista de la libertad hoy profundamente arraigada en Occidente.

Pretender resolver esta complejidad con culpables fáciles o eslóganes simplistas –como hacen ciertos feminismos– solo agrava el problema. La mentira, la propaganda y la injusticia acaban generando más desigualdad, sufrimiento e injusticia.

## Del ocaso de la naturaleza humana al auge del contractualismo

Simone de Beauvoir expresó su rechazo a la naturaleza al afirmar, en *El segundo sexo*, que "no se nace mujer: se llega a serlo". Esta frase, núcleo de la nueva concepción de libertad sexual, refleja bien el cambio de paradigma: la naturaleza no era una realidad fundante, sino una construcción moldeable según la autonomía individual. Este menosprecio a la naturaleza no surgió en el siglo XX, sino que hundía sus raíces en la historia.

En efecto, durante siglos, la política y el Derecho en Occidente se apoyaron en una idea sólida: la existencia de una naturaleza humana universal y con sentido. Desde

Aristóteles y Tomás de Aquino, se pensaba que el ser humano tenía una esencia común y una finalidad ("telos"). Esto permitía hablar de un bien común, porque todos compartíamos algo objetivo: la misma naturaleza, orientada al mismo fin.

Sin embargo, a partir del siglo XIV esa visión empezó a resquebrajarse. Los nominalistas, encabezados por Guillermo de Ockham, negaron la existencia real de los universales: lo único que existe de verdad son los individuos concretos. Si no hay naturaleza común, tampoco hay finalidad común. Algunos, como Joannes Buridanus, llegaron a afirmar que la naturaleza solo tiene fin cuando va unida a la conciencia. En otras palabras: solo Dios tendría fines; la naturaleza no.

Este cambio abrió la puerta a una nueva forma de pensar, mucho más mecanicista. La naturaleza dejó de entenderse como portadora de sentido y pasó a verse como pura materia regida por leyes físicas. Descartes, y tras él Leibniz o Wolff, reforzaron esta visión con su célebre dualismo: *res cogitans* (el pensamiento) y *res extensa* (la materia). El ser humano ya no era una unidad integrada de cuerpo y alma, sino una mente separada de un cuerpo físico. De este modo, la naturaleza se redujo a su aspecto material, mientras la libertad quedaba desligada de ella.

Este cambio tuvo consecuencias enormes en la filosofía política. Los grandes pensadores modernos del Estado —Hobbes, Rousseau y más tarde Kant— construyeron sus teorías sin recurrir a una naturaleza humana teleológica.

Para Hobbes, el hombre por naturaleza es un ser solitario, en lucha contra los demás (*homo homini lupus*). La política no nace de la sociabilidad natural, como decía Aristóteles, sino del miedo a morir en un estado de guerra de todos contra todos. Para escapar de esa situación insoportable, los individuos deciden hacer un pacto, transfiriendo sus derechos a un soberano que garantice seguridad. La legitimidad del Estado no surge de la naturaleza del hombre, sino de un contrato artificial que los individuos firman renunciando a su libertad originaria.

Rousseau, en cambio, idealizó ese estado de naturaleza como una edad feliz, en la que el hombre vivía aislado y libre, sin sociedad ni lenguaje. Para él, el ser humano se convierte en ciudadano solo cuando entra en el contrato social, pero ese paso supone dejar atrás su "inocencia natural". Así, naturaleza y sociedad aparecen como polos en tensión, casi incompatibles.

Incluso Kant, que quiso superar las reducciones del mecanicismo, acabó manteniendo la separación: distinguió entre un conocimiento "fisiológico" del hombre (lo que la naturaleza hace con él) y uno "pragmático" (lo que puede hacer con su libertad). Pero la libertad quedó desvinculada de la naturaleza, como ocurría en Hume, que había afirmado la imposibilidad de pasar del "es" al "debe ser".

El resultado fue que la noción de naturaleza humana se fue desdibujando. Lo que en Aristóteles y Tomás de Aquino era el fundamento de la ley moral y de la ley civil, se redujo a mera biología. La libertad, por su parte, ya no se entendió como perfeccionamiento de la naturaleza, sino como algo opuesto a ella: pura autonomía, voluntad desligada de cualquier finalidad objetiva.

Esta transformación tuvo un alcance inmenso. Si no existe una naturaleza común con sentido, el bien común se vuelve imposible: solo hay individuos que pactan entre sí para sobrevivir o para convivir, pero sin referencia a un telos compartido. La moral, la política, la misma idea de justicia pasan a depender de la voluntad, no de la naturaleza.

De aquí nacerá el contractualismo moderno, que inspira hasta hoy muchas constituciones y teorías políticas: el Estado como producto de un acuerdo entre individuos libres, no como expresión de una sociabilidad natural. Y también la ética contemporánea, que suele definir la libertad como pura autodeterminación, sin vínculos previos con una naturaleza ni con un fin.

En resumen, el ocaso de la naturaleza humana como referencia objetiva llevó a la desaparición del horizonte teleológico. En su lugar, se alzó la autonomía de la voluntad como fundamento de moralidad y legitimidad política. Y lo que antes se entendía como "naturaleza y razón en armonía" pasó a concebirse como tensión o incluso oposición. Este giro —del ser al querer, de la naturaleza al contrato— marcó profundamente la modernidad. Nos dio libertad y autonomía, sí, pero al precio de perder una referencia común de sentido.

Conviene resaltar que estas teorías no quedaron en la especulación académica: terminaron influyendo en la moral individual y en la mentalidad social de Occidente.

En efecto, si la naturaleza se percibe como un límite —como una realidad que restringe las posibilidades humanas—, deja de servir como guía de conducta. En su lugar, el motor de la acción pasa a ser el mero ejercicio de la autonomía, las propias elecciones, sin referencia a un orden objetivo.

En ese contexto, el deseo se convierte en la gran tracción de la conducta humana. Y, como señalaron Hume y Nietzsche, ese deseo se concreta sobre todo en el placer. Sin fin ni naturaleza que orienten la vida, lo que queda como brújula es el disfrute inmediato.

El resultado es la consolidación de una visión hedonista e individualista de la moral. Esto vendría a reflejarse de manera especialmente intensa en el ámbito de la sexualidad: dejaría de concebirse como realidad con sentido enraizado en la naturaleza humana, y se entendería como un ámbito de libertad absoluta, regido únicamente por las decisiones individuales, sin otra limitación que el consentimiento ajeno (mientras no haya coacción, todo lo que produzca placer se considera válido).

Así, lo que comenzó siendo una revolución en el campo filosófico y político –contractualismo moderno– acabó configurando una cultura de la subjetividad y del deseo, donde la libertad se identifica con la satisfacción inmediata y donde la sexualidad se convierte en uno de los ámbitos más visibles de esa transformación.

El cine ha retratado también la paradoja de una libertad convertida en ilusión. En *El show de Truman* (1998), la vida entera del protagonista es un decorado, un artificio televisivo que suplanta la realidad desde su nacimiento. Truman cree vivir en libertad, pero cada decisión suya está manipulada. La metáfora conecta directamente con el paradigma cultural que analizamos: cuando la libertad se entiende como pura autonomía sin referencia a la verdad, se convierte en un espejismo. Se vive en un escenario controlado, como Truman, satisfecho de elegir entre opciones diseñadas por otros, sin advertir que la naturaleza y la verdad han sido expulsadas del horizonte.

# 3. La libertad sexual como conquista social: la revolución de Mayo del 68

La liberación sexual ocupó un lugar central en la revolución de Mayo del 68. Un año antes del célebre episodio de Nanterre, en marzo de 1967, los estudiantes ya habían ocupado la residencia femenina para reclamar residencias mixtas. Ese mismo año, la ley Neuwirth legalizó la píldora anticonceptiva. En esta línea, Mayo del 68 defendió abiertamente el derecho a la información y a la práctica sexual. Sus eslóganes sobre el tema fueron claros y provocadores: "Prohibido prohibir", "haz el amor y no la guerra", "disfruta sin límite", "mi cuerpo me pertenece", "un hijo/a si quiero, y cuando quiera". El mensaje era una liberación sexual sin trabas, sin restricciones ni poderes que la limitaran.

Es cierto que Mayo del 68 no fue quien legalizó la píldora (1967), ni quien introdujo la minifalda (mediados de los sesenta, sobre todo en 1965), pero sí le dio un gran impulso simbólico al presentar la liberación sexual como una reivindicación social y una conquista colectiva. Su aportación genuina fue convertir en una demanda ciudadana, especialmente de la juventud, el contenido de ideologías y pensamientos de autores como Descartes, Hume, Nietzsche, Freud, Mill, Kinsey, Marcuse, Reich, Lacan o De Beauvoir, procedentes de corrientes como el marxismo, el anarquismo o el liberalismo individualista. Con ello,

Mayo del 68 consolidó el cambio de paradigma en la moral sexual de Occidente.

En esta línea, Herbert Marcuse (1898–1979), uno de los filósofos más influyentes de la época, publicó en *Eros y civilización* (1955): "La liberación de la sexualidad es condición para la liberación del hombre". La revolución de Mayo del 68 dio cuerpo social a esta tesis: la sexualidad pasó a entenderse como un terreno de emancipación individual, social, política y cultural.

## El modelo de libertad sexual de Mayo del 68

Si el sexo está para el goce –no en vano se llegó a calificar a Mayo del 68 como "una revolución para follar"–, la consecuencia lógica fue impulsar el uso de la píldora anticonceptiva y la educación sexual, con el objetivo de disfrutar más del sexo sin consecuencias no deseadas. La anticoncepción no solo permitía mantener relaciones sexuales sin el efecto procreativo, dentro o fuera del matrimonio, sino también el ansiado "amor libre": libre de procreación y libre de cualquier compromiso, ya fuera matrimonial o de otro tipo. En definitiva, relaciones sexuales cuya principal –y quizá única– razón de ser fuera la satisfacción sexual. Paradójicamente, el "amor libre" podía significar sexo "libre de amor" y, en muchos casos, "libre de autodominio".

La nueva concepción de la sexualidad situó la libertad humana como criterio moral principal. En pocas palabras, la moral sexual pasó a fundarse en el consentimiento de las partes implicadas, es decir, en la autodeterminación manifestada mediante el propio consentimiento (tácito o expreso) y en el respeto al consentimiento ajeno. Según esta visión, cualquier relación sexual es moralmente buena por el simple hecho de ser consentida. Desde un punto de vista jurídico, una relación sexual pasaba a tener menos requisitos que un contrato, que debía cumplir con el principio de no ser contrario a la moral. En cambio, en la esfera sexual, lo consentido se daba automáticamente por moral, lo que en la práctica otorgaba más garantías jurídicas a un contrato que a una relación sexual. Este planteamiento, centrado en el consentimiento, estaba destinado a generar conflictos, como de hecho muestra la realidad actual.

A ese consentimiento como núcleo de la nueva moral sexual se añadieron otros dos elementos, secundarios y cambiantes con el tiempo:

1. **Decoro público**, para respetar la libertad negativa de quienes no desean verse expuestos a las relaciones sexuales de terceros, aunque sea de forma visual. Así, no se objetaba que dos personas —del mismo o distinto sexo, casadas o no— mantuvieran relaciones en privado, pero se consideraba inadmisible hacerlo en un lugar público. La privacidad incluía tanto la protección frente a injerencias ajenas como la obligación de reservar ciertas conductas al ámbito privado. Este criterio recuerda el límite del "orden público" en el derecho contractual: se permite cualquier relación consentida, siempre que no altere el orden público.

2. **Elementos culturales** que orientan hacia determinados modelos sexuales y no hacia otros: por ejemplo, la preferencia por la monogamia frente a la poligamia (poliginia o poliandria) o el rechazo a las relaciones incestuosas entre parientes de primer grado.

Dentro de estos límites, cualquier comportamiento sexual se consideraba lícito y legítimo, y nadie tenía derecho a juzgar la conducta ajena, porque lo moral era actuar en libertad respetando la libertad de los demás. Lo decisivo era el consentimiento libre de los participantes en el momento mismo de la relación sexual.

Desde mediados del siglo XX, una parte significativa del cine (especialmente Hollywood), la televisión, el arte y la literatura transmitieron, de forma gradual, estas nuevas claves filosófico-morales sobre la sexualidad. Con el tiempo, el paradigma caló hasta configurar una sociedad más permisiva −e incluso relativista−, donde el único criterio moral en este ámbito era el consentimiento. Esta etapa bien podría llamarse la "era del consentimiento", como refleja el título de una obra que analiza los efectos de esta nueva cultura en Estados Unidos (*The Age of Consent*).

Para la nueva moral liberal y utilitarista, la sexualidad es sobre todo un espacio de bienestar y placer, más que de vínculos previos o compromisos futuros. Como recordó Milan Kundera (1929−2023) en *La insoportable levedad del ser* (1984), "la revolución del amor libre consistía en la rebelión contra una vida concebida como deber". El espíritu del 68 convirtió la protesta social en una reivindicación íntima: hacer del deseo un derecho y del placer una bandera.

Por tanto, cualquier relación sexual podía darse sin necesidad de matrimonio, noviazgo o compromiso, incluso entre personas que acababan de conocerse, sin importar que fueran del mismo o de distinto sexo, o que se tratara de más de dos personas. Lo único relevante era que hubiera consentimiento entre adultos −o entre menores de edad si era entre ellos y sin abuso de poder−.

En este esquema, ni los vínculos anteriores ni los posteriores tenían sentido. Por eso, si una mujer quedaba embarazada −incluso cuando el hombre le hubiera prometido querer un hijo y cuidarlo–, se consideraba que debía tener el derecho a interrumpir el embarazo. En este marco, el aborto aparecía como una consecuencia lógica del nuevo paradigma moral, y no sorprende que el derecho penal, reflejo de los valores sociales, lo haya ido despenalizando en las últimas décadas.

Esto no es una hipótesis ni un experimento de laboratorio como los de Freud, Reich o Kinsey, sino la realidad social actual, fruto de la revolución sexual de Mayo del 68. Desde entonces, las relaciones sexuales entre adultos han aumentado, especialmente entre adolescentes. Además de las prácticas más comunes –masturbación y coito vaginal con persona de distinto sexo–, han crecido otras como el coito anal y las distintas formas de sexo oral.

Dado que el consentimiento es el criterio central, en algunos países –como Suecia, Alemania o Estados Unidos– han surgido propuestas para legalizar el incesto. En la misma línea, hay movimientos que defienden la legalización de la prostitución, e incluso de la necrofilia. Otra práctica en auge –sin problemas desde la óptica del consentimiento– es el sexo con robots. No ocurre lo mismo con la zoofilia o bestialismo: aunque fue despenalizada en la mayor parte de Occidente en el siglo XIX, en algunos lugares de EE. UU. se ha vuelto a penalizar, no por degradar al ser humano, sino por el maltrato al animal, al entenderse que conculca su libre consentimiento.

El nuevo paradigma moral no implica que todos compartan los mismos "gustos" o "inclinaciones". Para algunos, ciertas prácticas son repugnantes; para otros, son fuente de placer y realización. Lo esencial es que la "libertad humana" incluye la libertad de gustos e inclinaciones que todos deben respetar. Es conocida la frase atribuida a Freud: "La única desviación sexual es la completa ausencia de sexo;

lo demás es cuestión de gusto". Desde esta perspectiva, lo central no es la naturaleza de la conducta ni su valor objetivo o estético, sino que sea libre y voluntaria, y que los demás respeten y callen ante las inclinaciones ajenas. Este es, en realidad, el principio que inspira el derecho en materia de "libertad sexual", tanto en el Derecho privado (matrimonio y familia) como en el público (normas constitucionales y penales).

El consumo de pornografía, reivindicado ya en Mayo del 68, ha crecido de forma exponencial en la era de internet, impulsado por su fácil acceso, el anonimato y los enormes beneficios que genera. Pero este fenómeno tiene un altísimo coste social, por la degradación que produce tanto en millones de consumidores como en las personas explotadas sexualmente para abastecerlo.

Aldous Huxley (1894–1963) anticipó este mito en *Un mundo feliz* (1932): "Todo el mundo pertenece a todo el mundo". La promiscuidad institucionalizada en su distopía no era solo ficción: reflejaba la lógica de un sistema en el que la sexualidad se vacía de vínculos y se convierte en el terreno privilegiado de una libertad que confunde liberación con consumo.

Unos años más tarde, Pier Paolo Pasolini, en *Escritos corsarios* (1975), denunció que el hedonismo de masas podía convertirse en una forma de dominación incluso más eficaz que el antiguo puritanismo. Para él, "el verdadero fascismo es el consumismo". La libertad sexual proclamada como conquista social se transformó en un nuevo conformismo, en el que la lógica del consumo penetró incluso en las relaciones afectivas.

La cultura cinematográfica también ha reflejado esta deriva. La adaptación televisiva de *Un mundo feliz* (1980), inspirada en la mencionada novela de Aldous Huxley, presenta una sociedad donde el hedonismo sexual es norma, los vínculos afectivos se han diluido y la vida se administra como un producto. El lema repetido –"todo el mundo pertenece a todo el mundo"– expresa con crudeza lo que el Mayo del 68 abrió como posibilidad cultural: la sexualidad como consumo, desligada de compromiso y responsabilidad, celebrada como libertad pero convertida en alienación.

## Una mirada a la moral sexual anterior a Mayo del 68

El paradigma moral importado por Mayo del 68 ha calado tan profundamente en la cultura y mentalidad occidentales que resulta difícil observarlo con distancia y espíritu crítico. Esta revolución simboliza un cambio tan radical en la moral sexual, y hoy tan dominante, que a muchos les resulta complicado –cuando no imposible– comprender cómo era la moral sexual anterior, sobre todo porque suele presentarse desde los presupuestos del nuevo paradigma.

Es cierto que algunas obras –publicadas, por ejemplo, con motivo del cincuentenario del movimiento– han mostrado la cara oculta de aquella revolución sexual. Malka Markovich (*L'autre héritage de 68*) y Michelle Perrot (*Filles du 68*) sostienen que trajo consigo la cosificación de la mujer y la mercantilización del sexo y de las relaciones. Según ellas, aquel episodio histórico convirtió a las mujeres en "meros objetos sexuales", combinando de forma arbitraria "libertad, libertinaje y, en algunos casos, pedofilia". A su juicio, ciertos eslóganes se volvieron contra las mujeres cuando se asumió que cuerpo y mente podían ir por separado, una idea que hunde sus raíces en el dualismo cartesiano: *res cogitans* (sustancia pensante) y *res extensa* (sustancia material), dos realidades distintas que, aunque interactúan, se consideran independientes.

Con todo, estas críticas no reflejan el discurso social dominante ni el relato que hoy configura la cultura y la mentalidad occidentales. De hecho, muchas personas no conocen otra moral sexual que la actual, y lo poco que saben del paradigma anterior a Mayo del 68 suele asociarse a represión, control social, imposición religiosa o falta de tolerancia hacia la libertad ajena. No se trata aquí de defender un regreso al pasado, sino de subrayar la importancia de conocer, al menos de forma básica, un modelo moral distinto del actual, para poder observar el presente con perspectiva y sentido crítico. Y esto no es fácil, porque la tendencia habitual es mirar ese modelo anterior con las categorías y la mentalidad de hoy, unas "lentes" que distorsionan la visión e impiden comprenderlo en sus propios términos.

Prueba de ello es la respuesta que en su día dio Chat GPT a la siguiente petición: "Compara la moral sexual anterior y posterior de la revolución de Mayo del 68". Esta fue su respuesta:

"La comparación entre la moral sexual antes y después de la Revolución del Mayo del 68 es muy interesante y refleja un cambio profundo en la forma en que la sociedad percibía y vivía la sexualidad.

**Antes del Mayo del 68**: La moral sexual era generalmente conservadora y *regulada por instituciones tradicionales como la religión, la familia y el Estado*. Se promovía la idea de que la sexualidad debía limitarse al matrimonio, principalmente con *fines reproductivos y dentro de roles de género muy definidos*. La sexualidad fuera del matrimonio, la homosexualidad, *la masturbación y otras expresiones sexuales* *eran vistas con rechazo, estigma o incluso criminalizadas. La moral era restrictiva,* y las normas sociales buscaban *mantener el control sobre los comportamientos sexuales,* promoviendo la idea de la pureza, la modestia y la *obediencia a las normas tradicionales.*

**Después del Mayo del 68**: La revolución cultural y social impulsada por este movimiento llevó a una transformación significativa en la moral sexual. Se cuestionaron y desafiaron las normas tradicionales, promoviendo la libertad individual y la autonomía en las decisiones sexuales. La sexualidad empezó a entenderse como una expresión natural y personal, no solo con fines reproductivos, sino también de placer y realización personal. Se abrieron debates sobre el derecho a decidir sobre el propio cuerpo, la igualdad de género, la aceptación de la homosexualidad, la masturbación y otras prácticas que antes eran consideradas tabú. *La moral se volvió más permisiva, tolerante y abierta, promoviendo la idea de que cada individuo tiene el derecho de vivir su sexualidad sin miedo a juicios sociales o religiosos.*

En resumen, la Revolución del Mayo del 68 marcó un cambio radical en la moral sexual, *pasando de una visión restrictiva y moralista a una más libre, igualitaria y respetuosa de la diversidad".*

Mi letra cursiva trata de resaltar párrafos que tienen un sesgo notable, no porque puedan ser completamente falsos, sino por caer en generalizaciones y reduccionismos de la realidad, siempre mucho más compleja. Y así se lo dije a Chat GPT:

"Mal. No se hablaba de reproducción antes del 68. Estás cayendo en tópicos e introduciendo conceptos de un modo anacrónico".

Y esta fue su respuesta:

"¡Gracias por tu observación! Tienes razón, *es importante ser preciso y evitar generalizaciones o conceptos anacrónicos. La moral sexual antes del Mayo del 68* en muchos contextos, especialmente en Europa y otros lugares, *era más compleja y variada de lo que expresé inicialmente.*

Antes del 68, en muchas sociedades, la sexualidad estaba regulada por normas sociales, religiosas y culturales que promovían la discreción, la modestia y la conformidad con ciertos roles y expectativas. *Sin embargo, no siempre se centraba exclusivamente en la reproducción; también existían prácticas y actitudes que, aunque reprimidas o clandestinas, formaban parte de la vida social y personal.* La moralidad sexual era influenciada por instituciones que *buscaban mantener el control social, pero la experiencia real de las personas podía ser más diversa y, en algunos casos, marcada por la represión, la censura o la doble moral.*

Tras el Mayo del 68, estas normas comenzaron a ser cuestionadas y desafiadas, promoviendo una mayor libertad y apertura en la percepción y expresión de la sexualidad, aunque los cambios no fueron inmediatos ni uniformes en todos los contextos.

Aprecio mucho tu comentario, y si quieres, puedo ayudarte a profundizar en aspectos específicos o en diferentes contextos históricos y culturales".

Como puede verse, Chat GPT fue incapaz de describir el modelo anterior con un mínimo de consistencia y visión positiva. Al tratar de matizar su respuesta, no supo explicarlo mejor, sino que tan sólo añadió que, pese a la teoría, muchas personas terminaban transgrediendo esas normas morales, lo cual venía a resaltar todavía más el carácter inhumano de esa moral sexual, inasequible al común de los mortales. Esta incapacidad de Chat GPT de comprender la lógica interna de la moral sexual anterior a Mayo del 68 es fiel reflejo de lo que sucede en la sociedad actual. La liberación sexual de los sesenta ha dejado una huella tan profunda en la mentalidad de la sociedad occidental que, más de medio siglo después, somos incapaces de atisbar siquiera la bondad o belleza del modelo sexual anterior, considerando a nuestros antepasados como gentes de personalidad endeble y apocada que no supieron vivir la sexualidad en libertad, prefiriendo ajustarse a las normas sociales o religiosas a costa de reprimir sus pulsiones sexuales. ¿Alguien puede pensar que durante tantos siglos o décadas anteriores a los años sesenta el ciudadano occidental vivió y entendió la moral sexual de su tiempo de un modo tan negativo? ¿Fue esa la lectura generalizada que de la moral sexual hizo la sociedad que vivió en un contexto histórico y cultural distinto al nuestro? ¿Acaso no es posible la existencia de otro modelo de moral sexual que permita vivir en libertad, sin sujetarse a normas impuestas desde fuera (Estado, Iglesia, sociedad), sino más bien a los dictados de la propia conciencia, con autenticidad y sana autonomía? Pienso que la sociedad actual carece de perspectiva y espíritu crítico.

Siguiendo el hilo de mi conversación con Chat GPT, quizá un poco cansado de sus tópicas y superficiales respuestas, le dije: "Lo siento, pero sabes poco del tema". Y esta fue su respuesta:

"¡No hay problema! Aprecio mucho tu sinceridad y *entiendo que el tema de la historia y la moral sexual puede ser muy complejo y matizado.* Mi intención es ofrecer información útil y precisa, pero *reconozco que puedo no tener todos los detalles específicos o que en ocasiones puedo simplificar de-*

*masiado.* Si quieres, podemos profundizar juntos en algún aspecto particular o en alguna fuente confiable para que puedas obtener una visión más completa. ¡Estoy aquí para ayudarte en lo que necesites!".

Sin duda acertó al reconocer que "en ocasiones puedo simplificar demasiado". Y esto es lo que sucede en la sociedad actual, que tiende a reducir o a simplificar cuestiones complejas, y cuya belleza y bondad sólo son descubiertas cuando se logra captar la lógica y consistencia interna de la realidad, no cuando se explica desde la óptica de la imposición de normas sociales y religiosas, de la represión o de la intolerancia.

A modo de síntesis –y asumiendo ahora yo el riesgo de caer en la simplificación–, puede decirse que, en la Europa medieval y moderna, la moral sexual giraba en torno a la idea de honestidad y buenas costumbres, con el objetivo fundamental –aunque no exclusivo– de salvaguardar la familia. Se entendía que las relaciones sexuales tenían su lugar adecuado entre personas casadas y abiertas a la generación o procreación (el término "reproducción" no encaja en el contexto histórico y cultural de la época). Las relaciones sexuales fuera del matrimonio siempre existieron, pero en general se consideraban transgresoras por violar normas sociales, éticas o jurídicas. Sexo y matrimonio estaban estrechamente unidos, y la mentalidad social dominante aceptaba como razonable la existencia de normas morales y jurídicas que protegieran a la familia como principal institución social.

De hecho, hay una continuidad en el principal bien jurídico protegido por el Derecho penal desde la Edad Media: la familia –o, si se quiere, un modelo de familia–, comúnmente aceptada en Occidente y basada en el matrimonio heterosexual, que apenas cambió desde su regulación por el Derecho romano en el siglo IV y, sobre todo, desde la Edad Media, hasta bien entrada la segunda mitad del siglo XX. Sobre la base de la normativa romana –de autoridad indiscutida entre los juristas medievales y modernos–, se añadió la influencia de la Iglesia, cuyo prestigio en el ámbito moral era comparable al de Roma en el jurídico. Al adaptar el régimen matrimonial del Derecho romano, la Iglesia subrayó aspectos como el consentimiento matrimonial, la indisolubilidad, su orientación a la procreación y la prohibición de matrimonios incestuosos.

La filosofía y la moral cristianas, al profundizar en el matrimonio y la familia, confirmaron algo ya presente en la filosofía precristiana: su carácter natural. No fue la Iglesia quien instituyó la familia, sino que la revistió de un carácter sagrado. Su base institucional proviene de la filosofía clásica, ligada al concepto de *oikía*, la casa familiar, entendida como comunidad de vida privada.

La palabra *koinonía* (sociedad) se aplicaba a distintos tipos de unión entre hombres. Para Aristóteles, la asociación política (*bíos politikós*) era más perfecta que la unión natural de la *oikía*, porque en la casa todos son desiguales, mientras que la vida pública aspira a la igualdad. En su *Política*, Aristóteles no concibe la familia como la entendemos hoy, sino más bien la *oikía*, que los latinos tradujeron como *domus* o familia doméstica: el conjunto de personas y bienes que conforman la comunidad familiar. El origen de la *pólis* y el de la familia son, para él, el mismo: la necesidad natural.

En primer lugar, están las necesidades primarias, referentes a la generación y conservación de la especie, que surgen de dos instintos básicos: el de procrear, que impulsa la unión de varón y mujer, y el de conservarse, que establece vínculos entre señor y siervo. Para satisfacer estas necesidades aparece la *oikía*. En segundo lugar, están las necesidades no cotidianas, ligadas al deseo de vivir cómodamente y noblemente, que llevan a los hombres a cooperar, intercambiar y dialogar, dando lugar primero a la aldea y luego a la *pólis*. De la comunidad para la generación y para la conservación surge primero la *oikía*, compuesta por varón y mujer, así como por señor y siervo. La familia doméstica originaria genera además la comunidad de padre e hijo, orientada a perpetuar la especie. Varón y mujer son, por tanto, los elementos primordiales de esta comunidad básica, "constituida naturalmente para atender todo lo cotidiano (*epheméran*), la casa familiar", cuyos miembros son compañeros de hogar (vínculos de parentesco) o de mesa (vínculos de sostenimiento).

Afirma Aristóteles que "primeramente, es necesario que se unan por parejas los seres que no pueden existir el uno sin el otro, es decir, la hembra y el varón en vistas a la generación", pues en todos los seres vivos hay un instinto natural que tiende a dejar tras de sí un ser semejante. El matrimonio es, así, el medio natural para asegurar la continuidad de la especie humana. Pero la generación no es su único fin: el hombre busca también en el matrimonio una perfección personal. La familia está unida además por una religión doméstica, ligada al culto de los antepasados. El matrimonio era una ceremonia sagrada: el primer acto se celebraba en la casa paterna, ante los dioses lares; el segundo, en la casa del esposo, ante el fuego sagrado y los dioses de la nueva familia. Desde ese momento, la mujer pasaba jurídicamente a ser "hija" de su marido.

Solo desde esta perspectiva puede entenderse el Derecho penal sexual medieval y moderno, centrado en un bien jurídico colectivo –la familia– y no individual. Esto explica que el adulterio se considerase el delito sexual más grave: no tanto por atentar contra la moral pública, como por socavar la institución familiar. De hecho, su penalización en los siglos XIX y XX buscaba sobre todo proteger a la familia.

En la Edad Moderna, con el auge de las monarquías absolutas, algunos Estados —sobre todo calvinistas y puritanos— empezaron a castigar conductas sexuales ajenas a esa protección, como la fornicación o la masturbación. En muchas monarquías católicas, como la española, estas conductas nunca se persiguieron penalmente.

Mayo del 68 supuso la punta de un iceberg: un cambio de paradigma moral que transformó la visión social y cultural de la sexualidad. Dejó de entenderse como un hecho con una dimensión social (matrimonio, familia, comunidad) para concebirse como un asunto estrictamente individual, limitado solo por el respeto a la intimidad ajena. Desde esta perspectiva, carecía de sentido penalizar la venta de anticonceptivos, las relaciones homosexuales consentidas entre adultos o el adulterio.

Una vez que las ideas de los filósofos pasaron a formar parte de la mentalidad colectiva, su incorporación al Derecho fue mucho más sencilla. Así como no puede entenderse Mayo del 68 sin las ideas que lo inspiraron, tampoco pueden comprenderse las reformas legales posteriores sin ese punto de inflexión social.

# 4. La introducción de la nueva libertad sexual en el Derecho occidental

Las claves ideológicas que explican el enaltecimiento y la promoción de un ejercicio lúdico y libidinoso de la libertad sexual, así como su irrupción social –más simbólica que real– en la revolución de Mayo del 68, nos permiten entender por qué, a partir de la década de 1960, varios países occidentales comenzaron a reformar sus leyes. Conocido ya ese porqué, pasamos ahora a describir cómo se produjeron esos cambios: cómo se abordaron las reformas jurídicas, qué países tomaron la delantera e influyeron en otros, y en qué medida Europa siguió los pasos de Estados Unidos o viceversa.

Como las ideas filosóficas ya analizadas son comunes en toda la cultura occidental, no siempre resulta fácil precisar el origen concreto de algunas reformas legales, aunque sí intentaré señalar algunos de sus rasgos distintivos en determinados países.

Antes de entrar más concretamente en la introducción de la nueva libertad sexual en el Derecho, veamos el impacto de las corrientes filosóficas en el Derecho de la segunda mitad del siglo XX, para que el lector pueda así apreciar mejor cómo esa transformación entronca con las reivindicaciones sobre libertad sexual de la revolución de Mayo del 68.

## Del ocaso de la naturaleza humana a la transformación del Derecho

Como se vio, la desaparición de la idea de una naturaleza humana común y con sentido no quedó solo en la filosofía o en la política. Sus efectos alcanzaron de lleno al Derecho, tanto público como privado, y terminaron transformando instituciones, principios y categorías jurídicas que habían sido pilares durante siglos.

**Del bien común al interés público.** Cuando se pierde la referencia a una naturaleza humana compartida, también se pierde la base del bien común, que era la noción clave en el pensamiento clásico y medieval. En su lugar aparecen otras expresiones, como "interés público" o "utilidad pública", que parecen semejantes pero no significan lo mismo. Mientras el bien común remitía a algo objetivo y universal (lo que favorece a todos en cuanto seres humanos), el interés público o la utilidad pública dependen mucho más de decisiones coyunturales y del poder político que las define en cada momento.

Lo mismo ocurrió con conceptos como "buenas costumbres" o "moral pública", que durante siglos habían orientado al legislador y al juez. Al perderse la noción de una naturaleza humana teleológica, estas categorías se vaciaron de contenido: ¿qué sentido tiene hablar de "buenas costumbres" si no existe un referente común que las fundamente?

**El Estado como mediador de deseos individuales.** En este nuevo contexto, la libertad individual se convierte en valor absoluto. La función del Derecho ya no es guiar la conducta hacia un bien común, sino mediar entre deseos individuales distintos e incluso contradictorios. Para legitimar esta visión, los Estados adoptaron con frecuencia el "principio del daño" formulado por John Stuart Mill: el Estado solo puede intervenir contra la voluntad de alguien para impedir que cause daño a terceros. Si no hay daño directo, no debe haber interferencia.

La sexualidad se transformó en el ejemplo paradigmático de esta lógica. Si la sexualidad no tiene un fin intrínseco ni un valor moral objetivo, entonces queda reducida a un campo de elecciones privadas, protegidas por derechos como la intimidad o el libre desarrollo de la personalidad. Así, los Estados no solo dejan de interferir, sino que muchas veces protegen legalmente esas elecciones e incluso las financian, sin entrar a valorar las consecuencias sociales o culturales que puedan tener.

Incluso pensadores alejados de la tradición aristotélico-tomista reconocieron la centralidad de la sexualidad en la modernidad. Michel Foucault, en el primer volumen de su *Historia de la sexualidad* (1976), negó que Occidente hubiera reprimido el sexo: lo que hizo fue convertirlo en un objeto privilegiado de discursos médicos, jurídicos, pedagógicos o políticos. Según él, el poder moderno no se limita a prohibir, sino que produce saberes que clasifican, vigilan y normalizan, ejerciendo una "biopolítica" que regula cuerpos, deseos y poblaciones. Aunque su interpretación no comparte el trasfondo antropológico que aquí defiendo, confirma un punto decisivo: la sexualidad se transformó en el terreno donde se juega la libertad y, al mismo tiempo, donde emergen nuevas formas de dominio. Lo que Foucault leyó como control social, nosotros lo entendemos como consecuencia de haber desvinculado la libertad de la naturaleza y del bien común: una libertad sin referente objetivo que termina atrapada en discursos de poder o en la lógica del deseo.

**Cambios en el Derecho privado: el matrimonio y la familia**. El Derecho privado ha experimentado profundas mutaciones. El caso más claro es el matrimonio.

En la visión clásica, el matrimonio estaba ligado a la complementariedad sexual, a la apertura a la vida y a la fidelidad conyugal. Pero si la materia (la *res extensa*, diría Descartes) se considera inferior a la razón (*res cogitans*), y si la libertad es entendida como autonomía sin límites, entonces las elecciones personales no deberían estar restringidas ni por la diferencia sexual, ni por las consecuencias naturales de la unión (los hijos), ni por compromisos de lealtad duraderos.

De ahí la facilidad con la que muchas legislaciones han introducido el divorcio exprés, el matrimonio entre personas del mismo sexo, la fecundación in vitro o, en algunos contextos, la normalización del poliamor. Solo factores culturales explican que todavía no se admitan uniones como la poligamia o el incesto. Como suele suceder, quienes más sufren las consecuencias de estos cambios son los más vulnerables: los niños.

Gustave Flaubert, en *Madame Bovary* (1856), retrató a Emma, que busca en el adulterio la plenitud que no encuentra en el matrimonio, concibiendo la voluptuosidad como un bien absoluto. Su destino trágico muestra cómo el hedonismo erótico, convertido en aspiración social, termina vaciando de sentido los vínculos más sólidos.

**Cambios en el Derecho público: dignidad, nuevos derechos y derechos-deseo**. En el campo del Derecho público, los efectos han sido igualmente profundos. Tras la Segunda Guerra Mundial, la dignidad humana se convirtió en el gran concepto jurídico. Sin embargo, desvinculada de la idea de naturaleza, pronto se volvió un término ambiguo y casi vacío. Kant había intentado fundamentar una dignidad "secular", apoyada en la autonomía de la voluntad, pero esa construcción resultó frágil y no logró imponerse.

El resultado ha sido la proliferación de nuevos "derechos humanos", muchos de ellos ligados a la esfera de la sexualidad o la identidad. Estos "nuevos derechos" no solo han generado inflación jurídica, sino que en algunos casos se han situado por encima de derechos fundamentales clásicos, como la vida, la libertad de conciencia, de expresión o de religión. Ejemplo llamativo: algunos Estados financian económicamente las operaciones de cambio de sexo, en nombre de la autonomía de la voluntad, pero no ofrecen ayudas comparables a quienes desean recibir apoyo para abandonar una orientación sexual con la que no se identifican. Incluso, en ciertos países, se sanciona a los profesionales que intenten prestar esa ayuda. La paradoja es evidente: la autonomía se protege de manera selectiva.

**En el ámbito del Derecho constitucional** han irrumpido en las últimas décadas lo que yo denomino *derechos-deseo*, expresión que describe bien un fenómeno innegable: cada vez más pretensiones individuales se elevan a la categoría de derechos fundamentales. El deseo, en sí mismo, forma parte de lo que nos hace humanos; nadie discute su valor. El problema surge cuando cualquier aspiración personal, por legítima que sea, se convierte en "derecho humano", como si el Estado y la sociedad estuvieran obligados a garantizarla al mismo nivel que la vida, la libertad o la dignidad. De este modo se han abierto paso reivindicaciones tan variadas como el derecho al aborto, el derecho a tener un hijo por cualquier medio, el derecho a la eutanasia, el derecho a cambiar de sexo, el derecho al matrimonio entre personas del mismo sexo o el derecho a someterse a todo tipo de cirugías estéticas en nombre del libre desarrollo de la personalidad. Todos estos "derechos-deseo" tienen en común que transforman una preferencia subjetiva en una exigencia jurídica objetiva.

La consecuencia es una inflación de derechos que termina vaciando de contenido a los auténticos derechos humanos. Estos nacieron para proteger lo que es esencial y común a todos –la vida, la libertad de conciencia, la libertad de expresión, la dignidad de la persona–, pero hoy se ven subordinados a nuevas pretensiones que a menudo entran en conflicto con ellos: el aborto frente al derecho a la vida, la eutanasia frente a la protección del más débil, la identidad de género frente a la libertad de conciencia. Esta deriva refleja un cambio cultural de fondo: hemos pasado de entender el Derecho como orientado por la naturaleza humana y el bien común, a identificarlo con la satisfacción de la autonomía individual. En esa lógica, el deseo se convierte en norma, y el placer –como señalaron ya Hume y Nietzsche– en el motor principal de la conducta. La sexualidad se vuelve el terreno paradigmático, regulado únicamente por el consentimiento.

El riesgo de esta deriva es claro: confundir deseos con derechos no solo genera contradicciones jurídicas, sino que pone en peligro la credibilidad y la fuerza de los propios derechos humanos. Los deseos son parte esencial de la vida, pero no todo deseo puede convertirse en derecho. Cuando todo deseo se reviste de ropaje jurídico, los derechos humanos dejan de ser un patrimonio común para convertirse en un escaparate cambiante de aspiraciones individuales.

Fiódor Dostoievski (1821–1881), en *Los demonios* (1872), describió con fuerza profética las consecuencias de negar la existencia del bien y del mal objetivos y de absolutizar la libertad humana, mostrando cómo esa lógica desemboca inevitablemente en la locura y el despotismo. "Partiendo de la libertad ilimitada, llego al despotismo ilimitado", afirmó. Esta afirmación, escrita en un contexto de efervescencia ideológica, describe lo que hoy llamamos inflación de derechos: cuando todo deseo subjetivo se proclama como libertad inviolable, el Derecho deja de proteger lo común y se convierte en campo de reivindicaciones infinitas. En ese clima, el aborto deja de ser considerado como un drama humano y es presentado como un derecho más, fruto de esa misma lógica desmesurada.

*Mar adentro* (2004) de Alejandro Amenábar aborda el caso de Ramón Sampedro, quien pidió la eutanasia tras décadas postrado en una cama. La película se convirtió en emblema de una cultura que identifica dignidad con autonomía, libertad con autodeterminación absoluta. El relato conmueve porque muestra el sufrimiento de un hombre concreto, pero también revela una deriva: si la dignidad depende solo del deseo individual, la vida pierde su valor intrínseco. La película refleja una sociedad que, al abrazar la lógica del deseo, deja de pensar la vida como don y la reduce a elección, incluso cuando está en juego la existencia misma.

**El Derecho penal y la sexualidad.** También el Derecho penal ha sufrido un cambio de rumbo. Tradicionalmente se hablaba de delitos contra la honestidad; hoy se habla de delitos contra la libertad sexual. El cambio no es solo terminológico: refleja una decisión moral de fondo. La categoría de "honestidad" se consideraba anticuada o moralizante; en su lugar, el único criterio relevante es el consentimiento.

Esto ha permitido avances importantes en la protección frente a abusos, pero también ha debilitado otras dimensiones. Al reducir todo al consentimiento, se corre el riesgo de no proteger suficientemente a los más vulnerables, como menores o personas dependientes.

La despenalización del aborto es quizá el caso más revelador. Si la sexualidad pertenece a la esfera íntima del individuo, y si el "sexo seguro" se presenta como un derecho, entonces resulta incoherente criminalizar las consecuencias naturales de ciertas conductas sexuales cuando fallan los anticonceptivos. El aborto aparece así como la "garantía última" de una intimidad sexual sin consecuencias. Y una vez más, los más vulnerables –el nasciturus y la mujer embarazada– quedan sin apenas protección.

Como muestra Aldous Huxley (1894–1963) en *Un mundo feliz* (1932), el objetivo del sistema es mantener a la población en un estado permanente de felicidad controlada. La lógica del placer inmediato, desligado de vínculos y responsabilidades, se convierte en un sistema social: también hoy el aborto aparece como consecuencia última de un modelo hedonista en el que la libertad sexual se impone sobre cualquier otra consideración.

En resumen, el ocaso de la naturaleza humana como referencia objetiva cambió el corazón mismo del Derecho. Donde antes había un horizonte común –el bien común fundado en la dignidad compartida de la naturaleza humana–, hoy se alza el reino de la autonomía individual. El Derecho ya no guía hacia un fin común, sino que arbitra entre deseos.

El precio de este giro es alto: la pérdida de un lenguaje común sobre lo humano y el debilitamiento de las protecciones para los más vulnerables. Allí donde la autonomía y el deseo se convierten en norma absoluta, el Derecho se vuelve cada vez más frágil frente al poder del más fuerte y más incapaz de sostener un proyecto compartido de vida en sociedad.

# Cómo el sexo se convirtió en una libertad civil: La libertad de expresión y el derecho a la intimidad en Estados Unidos y su influencia en Europa

La introducción de la sexualidad como una libertad civil se fraguó en buena medida en Estados Unidos, cuyo influjo sobre Europa en las últimas décadas es indiscutible, especialmente desde los años setenta hasta hoy.

El Tribunal Supremo de EE.UU., interpretando la Cláusula del Debido Proceso de la Decimocuarta Enmienda, reconoció la existencia de un **derecho a la intimidad** que impedía a los Estados "interferir en el control de las personas sobre sus propios cuerpos, perturbar las relaciones personales y entrometerse en el santuario más íntimo del hogar: el dormitorio".

Invocando este derecho, el Tribunal Supremo anuló leyes estatales que:

- prohibían el uso de anticonceptivos y se entrometían en la intimidad conyugal (*Griswold vs. Connecticut*, 1965),
- limitaban el acceso a anticonceptivos para las personas solteras (*Eisenstadt vs. Baird*, 1972), y
- restringían el derecho de la mujer a abortar (*Roe vs. Wade*, 1973).

Aunque estas decisiones no bastaron para eliminar de inmediato las leyes contra la sodomía, allanaron el camino. En las décadas de 1960 y 1970, dieciocho Estados despenalizaron la sodomía consentida siguiendo el *Model Penal Code*, mientras que otros –como Kansas, Texas, Montana, Kentucky, Misuri, Nevada y Tennessee– la despenalizaron solo para personas de distinto sexo, manteniéndola como delito menor para las del mismo sexo. Finalmente, en 2003, el Tribunal Supremo despenalizó plenamente las relaciones homosexuales consentidas entre adultos.

El punto de partida fue la sentencia *Griswold vs. Connecticut* (1965), que declaró inconstitucional una ley estatal que prohibía a los matrimonios el uso de anticonceptivos, por vulnerar su derecho a la intimidad. En *Eisenstadt vs. Baird* (1972), el mismo tribunal amplió ese derecho a las personas solteras, considerando inconstitucional limitar la venta de anticonceptivos solo a matrimonios. Estas resoluciones supusieron un impulso decisivo para un cambio cultural que promovía la permisividad sexual y el principio de "no emitir juicios de valor" (*non-judgmentalism*), es decir, que en este ámbito cada persona podía actuar libremente sin que otros opinaran sobre su conducta.

D. H. Lawrence (1885–1930), en *El amante de Lady Chatterley* (1928), defendió con radicalidad una concepción de la sexualidad como espacio de autenticidad vital, al margen de jerarquías sociales o morales externas. Su novela, prohibida durante décadas por obscena, simboliza el tránsito cultural que más tarde recogería el Derecho: convertir la intimidad sexual en un ámbito ajeno a cualquier moral distinta del ejercicio de la autonomía de la voluntad.

Émile Zola (1840–1902), en *Naná* (1880), describió el ascenso de una cortesana que se convierte en símbolo del poder del deseo sobre la sociedad entera, una figura nacida del fango social que termina dominando y contaminando la vida parisina. La novela muestra cómo la sexualidad reducida a mercancía no solo afecta a la intimidad, sino que erosiona el tejido social y político.

La prohibición a emitir cualquier "juicio de valor" en materia sexual se reforzó con *Roe vs. Wade* y *Doe vs. Bolton*

(1973), que despenalizaron el aborto y legitimaron así las relaciones sexuales libres de consecuencias biológicas. En esta "época de los derechos" (Norberto Bobbio), reconocer jurídicamente una conducta equivale a conceder al individuo un derecho. De ahí surgió el conocido conflicto entre el derecho del no nacido y el de la madre.

Dos décadas después, *Planned Parenthood vs. Casey* (1992) confirmó aquellas sentencias e introdujo la llamada "cláusula del misterio": "En el corazón de la libertad está el derecho de cada uno a definir su propio concepto de la existencia, del significado, del universo y del misterio de la vida humana".

En definitiva, el mensaje central de *Griswold* y *Eisenstadt* arraigó en la sociedad estadounidense: "nadie tiene derecho a juzgar la conducta sexual de los demás". La ley pasó a respaldar esta permisividad y a protegerla, amparándose en los derechos constitucionales a la intimidad y a la igualdad.

Cuando la ley llegó a reconocer y proteger el supuesto derecho a mantener relaciones sexuales habituales (heterosexuales) sin asumir sus consecuencias, era solo cuestión de tiempo que, con base en los mismos derechos de intimidad e igualdad, se aceptaran también prácticas o preferencias sexuales menos comunes, como las homosexuales. En otras palabras, si se permitía que dos adultos mantuvieran relaciones sexuales sin temor a juicios morales ajenos ni a consecuencias biológicas (como un embarazo), no tenía sentido limitar ese "derecho" únicamente a las relaciones heterosexuales.

La sentencia *Lawrence vs. Texas* (2003) extendió esa protección a las relaciones homosexuales, declarando inconstitucionales las leyes que penalizaban la sodomía (en

Texas y otros 13 Estados). Según el Tribunal Supremo, cualquier relación sexual consentida entre adultos en la intimidad está protegida por la libertad que garantiza la Decimocuarta Enmienda ("by substantive due process under the Fourteenth Amendment").

En la misma línea, el Tribunal Federal de Distrito, en *Brown vs. Buhman* (13 de diciembre de 2013), llevó este criterio al extremo y reconoció el derecho a la poligamia. Según el fallo, si la ley no castiga a un hombre que, tras abandonar a su esposa, convive con otra mujer a la que llama –o considera– su esposa, tampoco debería impedir que alguien viva con dos esposas, siempre que no celebre múltiples contratos matrimoniales. El tribunal concluyó que "nada debería impedir a una persona vivir con varias mujeres y considerarlas sus esposas". La discusión sobre si la poligamia causa un daño social que justifique su penalización sigue abierta en el derecho estadounidense.

Si el matrimonio se entiende únicamente como una relación afectiva o un producto cultural, sin atribuirle una función social, no habría razón para impedir la poligamia (un hombre con varias mujeres) o la poliandria (una mujer con varios hombres). Bajo esa lógica, tampoco habría motivos para impedir el matrimonio entre personas del mismo sexo. Más aún: prohibirlo sería una violación del principio de igualdad.

Este fue el núcleo de la sentencia del Tribunal Supremo del 26 de junio de 2015, que, por cinco votos a cuatro, invalidó las leyes de 14 Estados que prohibían el matrimonio homosexual. Aunque el fundamento principal de la sentencia se basó en la Igual Protección y el Debido Proceso de la Decimocuarta Enmienda, es evidente que el derecho a la intimidad también influyó. La sentencia menciona repetidamente la "intimidad entre personas del mismo sexo" y concede a la privacidad un papel clave en la redefinición del matrimonio.

Si el matrimonio implica derechos y libertades fundamentales como la intimidad, es lógico que el fallo considere injustificado negar esa intimidad a las parejas homosexuales. Los cuatro jueces disidentes discreparon por completo, argumentando que el Tribunal Supremo no debía legislar sobre el tema y que la decisión favorecía una concepción del matrimonio contraria a los principios constitucionales básicos de Estados Unidos.

En este contexto social y jurídico, marcado por un relativismo o libertarismo moral donde la noción de libertad depende de cada individuo, y en el que las conductas morales y sexuales están totalmente protegidas por el derecho a la intimidad —que impide juzgar moralmente a otros—, el ejercicio de la libertad religiosa se percibe como una amenaza que conviene limitar. Las creencias religiosas, por acertadas o razonables que sean, cuestionan los cimientos de una sociedad que no reconoce valores morales universales y consideran ofensivo afirmar que no todas las opciones son igualmente válidas, o que ciertas conductas atentan contra la dignidad humana, dañan a otros o al bien común.

En este clima, incluso señalar esos problemas se interpreta como un ataque a la libertad individual y una violación del derecho a la intimidad. Por ello, en las últimas décadas algunos Estados han restringido cada vez más el ejercicio de la libertad religiosa, no tanto eliminándola como confinándola al ámbito privado, para evitar que influya en la esfera pública. Así se protege un modelo cultural que se presenta como tolerante pero que, en realidad, impone y excluye visiones distintas.

De este modo, mientras la ley no siempre se usa para proteger a los más vulnerables (no nacidos, niños, enfermos, ancianos), sí se utiliza para silenciar voces discrepantes, restringiendo tanto la libertad religiosa como las libertades de conciencia y de expresión.

La consideración de la libertad sexual como una forma de ejercicio de la libertad de expresión, y su salvaguarda frente a posibles injerencias de terceros a través del derecho a la intimidad, influyó en la tradición jurídica continental, tanto europea como latinoamericana. En este sentido, la línea argumental utilizada en estos territorios para defender el derecho al aborto, combatiendo así a quienes defienden el derecho a la vida, tiene sin duda resonancias estadounidenses.

En efecto, el camino recorrido por EE.UU. desde los años sesenta, desde la legalización del aborto hasta la aceptación de un nuevo modelo de dignidad humana y de sexualidad, desde la admisión de nuevas formas de matrimonio –incluido el homosexual– hasta la protección de un supuesto derecho a la intimidad que impide –bajo amenaza de sanción– emitir juicios de valor sobre la conducta sexual ajena, forma parte de la tradición cultural occidental de los últimos cincuenta años. Es evidente que lo sucedido en Estados Unidos en la segunda mitad del siglo XX afectó notablemente –y sigue aún afectando– a Europa más de lo que lo sucedido en Europa haya podido afectar a Estados Unidos. La poderosa influencia norteamericana sobre Europa parece indiscutible no sólo desde una perspectiva económica, política y militar, sino también cultural. Algunos informes académicos sobre la conducta sexual fueron traducidos y tuvieron un notable impacto entre los académicos e intelectuales europeos. Hollywood contribuyó notablemente a transformar la moral sexual, las costumbres y la mentalidad no sólo de los estadounidenses, sino también de los europeos y del mundo occidental en general. Además, la influencia de Estados Unidos sobre Europa también llegó de forma indirecta, a través de su peso en la organización de conferencias internacionales sobre el comportamiento sexual, como se verá.

Así, por ejemplo, el principio de que "nadie tiene derecho a juzgar la conducta sexual de los demás", consagrado por la jurisprudencia estadounidense (*Griswold vs Connecticut*, 1965; y *Eisenstadt* vs *Baird*, 1972), no sólo caló en la sociedad estadounidense, sino también en la cultura y la mentalidad europeas. La idea de que la conducta sexual forma parte de la esfera privada del individuo que la ley debe proteger, impidiendo cualquier injerencia del Estado o de terceros, también caló en Europa. Y con el tiempo, al igual que en Estados Unidos, ya no se trataba de prohibir juicios de valor sobre la conducta ajena, sino de exigir –con la fuerza coercitiva de la ley– una contribución positiva a quienes no comparten determinada conducta, hasta el punto de obligarles a actuar en contra de su conciencia.

La polémica surgida en Estados Unidos cuando se obligó a determinadas empresas a financiar medicamentos abortivos a sus empleados, negándoles inicialmente –hasta que el Tribunal Supremo se pronunció– la posibilidad de abstenerse de este servicio por razones religiosas o de conciencia, es similar a los numerosos casos que se han planteado en Europa en los que se ha obstaculizado o impedido el ejercicio de la objeción de conciencia en supuestos concretos relacionados con el desempeño de la propia actividad profesional. Un caso muy frecuente ha sido el de los empleados de hospitales que, por razones de conciencia, no desean realizar intervenciones médicas para practicar abortos.

La primacía del derecho a la intimidad sobre el respeto o el derecho a la vida también se ha introducido a nivel europeo. En 2014, el Tribunal Europeo de Derechos Humanos resolvió dos asuntos, cuyas sentencias son vinculantes para todos los Estados miembros del Consejo de Europa, obligando a la inscripción de los hijos de alquiler en los registros civiles de los progenitores subrogantes en virtud del artículo 8 del Convenio Europeo de Derechos Humanos sobre el derecho a la intimidad personal y familiar. Me refiero a los casos *Mennesson v. Francia* (2014) y *Labassee v. Francia* (2014).

En cualquier caso, la mayoría de los conflictos que, en el último medio siglo, han tenido lugar en Estados Unidos entre el derecho a la intimidad –en particular, en lo relativo a conductas relacionadas con la sexualidad o la libertad sexual– y otros derechos fundamentales (libertad de conciencia, libertad religiosa, libertad de expresión, etc.) también se han producido en Europa, y la evolución en el continente no parece diferir mucho de la estadounidense. En este sentido, cabría decir que Estados Unidos ha ejercido un notable influjo en Europa y, en ocasiones –aunque en menor medida–, esta también en aquel.

La despenalización del aborto y la creación de un "derecho constitucional" al aborto en Europa fueron procesos notablemente influenciados por la doctrina del Tribunal Supremo de Estados Unidos (en particular por el caso *Roe vs. Wade*, 1973), aunque no cabe descartar la existencia de influencias mutuas. Conviene recordar que, en Francia, tres meses antes de la sentencia *Roe vs. Wade*, la fecha clave para los defensores del aborto fue 1972, año del "juicio Bobigny", que contribuyó a despenalizar el aborto en el país, antes de que la Ley Veil de 1975 legalizara los abortos voluntarios en suelo galo. Quizá no resulte arriesgado suponer que los jueces del Tribunal Supremo norteamericano conocían este reciente precedente y que, de algún modo, pudo influir en sus opiniones; en cualquier caso, la propia prensa estadounidense recogió referencias al precedente francés, hasta el punto de denominarlo "el *Roe vs. Wade* de Francia".

Ambos procesos −la transición hacia un nuevo paradigma cultural de la sexualidad y la progresiva despenalización del aborto, hasta llegar a presentarlo como un derecho− se han desarrollado en el contexto occidental, sin que pueda atribuirse en exclusiva la iniciativa a un país europeo o a Estados Unidos, aunque es innegable que este último ha desempeñado un papel primordial en todo el proceso. De hecho, en Occidente, Reino Unido (1967) y Canadá (1969) fueron los primeros países en despenalizar el aborto. En 1973, justo después de la sentencia *Roe vs. Wade* del Tribunal Supremo norteamericano, Dinamarca y Túnez siguieron el mismo camino. Entre 1974 y 2023, casi otros cincuenta países despenalizaron el aborto, abarcando alrededor del 60% de la población mundial.

A diferencia de Estados Unidos, los países europeos han optado −hasta 2023− por despenalizar y regular el aborto desde el poder legislativo, en lugar de consagrarlo como "derecho constitucional" desde el máximo órgano jurisdiccional. Esto explica por qué Francia y Alemania, siguiendo los pasos de Estados Unidos, despenalizaron el aborto en 1975, pero no establecieron un derecho constitucional al respecto. Por el contrario, el Tribunal Constitucional de Alemania (Sentencia de 25 de febrero de 1975) reconoció la obligación del Estado de no perjudicar la posición del feto y de garantizar que terceros no atentaran contra sus posibilidades de desarrollo. Estableció la regla de la inexigibilidad (*Unzumutbarkeit*), aplicable cuando el aborto es necesario para evitar un riesgo para la vida de la madre o un daño muy grave para su salud. Más allá de estos supuestos, el Tribunal Constitucional alemán reconoció que correspondía al legislador decidir sobre otras circunstancias extraordinarias que pudieran justificar la ausencia de sanción penal. La mayoría de los países europeos siguieron el modelo alemán.

Esta tendencia europea cambió recientemente, después de que dos países dieran un paso más tras la eliminación del derecho constitucional al aborto por parte del Tribunal Supremo de EE. UU., en junio de 2022 (*Dobbs vs. Jackson Women's Health Organization*): España, en 2023, con una sentencia del Tribunal Constitucional que declara un "derecho constitucional" al aborto similar al de *Roe vs. Wade*; y Francia, el 4 de marzo de 2024, con la aprobación de una enmienda constitucional que establece que "[l]a ley determina las condiciones en las que se ejerce la libertad de la mujer de interrumpir voluntariamente un embarazo, que está garantizada".

Gustave Flaubert (1821–1880), en *Madame Bovary* (1856), retrató con ironía a Emma, siempre insatisfecha en sus búsquedas, convencida de estar hecha para grandes pasiones y condenada, sin embargo, a una sucesión de placeres menores que nunca llenan el vacío interior: "Antes de casarse había creído tener amor; pero como la felicidad que debía resultar de ese amor no llegaba, debió de haberse equivocado". En la misma línea, la aceptación del aborto como un derecho más dentro del catálogo de opciones vitales refleja esa banalización: lo que debería conmover por su hondura trágica se normaliza como un trámite, una decisión más entre otras. La novela de Flaubert nos recuerda que detrás de las grandes consignas de libertad suele esconderse una pobreza de horizonte.

## La sustitución de la "honestidad" por la "libertad sexual" como bien jurídico protegido y la despenalización de algunas conductas sexuales

La consecuencia más inmediata y visible del nuevo paradigma moral sexual que se impuso en Occidente a partir de los años sesenta fue situar la **libertad sexual** en el centro del Derecho penal sexual. Dicho de forma sencilla: hoy sólo constituyen delito aquellas relaciones sexuales en las que alguna de las partes no presta su consentimiento. El principio de libertad se convirtió así en el bien jurídico protegido por excelencia.

El segundo efecto, derivado de ese cambio, fue la **despenalización progresiva** de todas aquellas conductas cuya criminalización no se justificaba por la protección de la libertad sexual individual. Sin embargo, estos cambios tuvieron límites: en ningún país occidental se han eliminado, por ejemplo, los delitos relativos al pudor o a la moral pública, ni las figuras que protegen la integridad sexual de personas especialmente vulnerables. Por ello, "integridad sexual" –más que "libertad sexual"– describe mejor el bien jurídico protegido por las leyes penales sexuales, como he defendido en trabajos previos.

En algunos países, este cambio se reflejó en la reforma de la rúbrica del título del Código Penal dedicado a los delitos sexuales. Así ocurrió en **Alemania**, cuyo ejemplo siguieron **Austria, Hungría** y **España**. En Alemania se optó por "Autodeterminación sexual", en Austria por "Integridad y autodeterminación sexual", y en Hungría por "Libertad sexual y delitos sexuales". Otros países, como **Francia** ("Agresiones sexuales"), **Suecia** ("Delitos sexuales") o **Países Bajos** ("Delitos graves contra la moral pública"), prefirieron expresiones genéricas o relacionadas con la moral pública. En **Bélgica**, por ejemplo, todos los delitos sexuales se agrupan en "Crímenes y delitos contra el orden de las familias y contra la moral pública". Algunos códigos, como el **italiano**, mantienen rúbricas separadas para "Delitos contra la moral pública y las buenas costumbres" y "Delitos contra la familia".

Fuera de Alemania, Austria, Hungría y España, la expresión "libertad sexual" no figura en los textos legales, lo que no implica que se ignore este valor. En muchos casos, se asume como implícito, coexistiendo con otros bienes jurídicos:

1. **La familia**, que lleva a agrupar los delitos sexuales en títulos sobre relaciones familiares (Italia, Bélgica, Dinamarca).

2. **La moral pública y las buenas costumbres**, lo que explica rúbricas como "Ultrajes públicos a las buenas costumbres" (Bélgica), "Inmoralidad sexual" (Dinamarca) o "Obscenidad pública" (Finlandia).

En **América Latina**, el panorama de mediados de los setenta era similar: todos los códigos protegían la familia, la honestidad y las buenas costumbres. En **Argentina, República Dominicana** o **Honduras** se hablaba de "Delitos contra la honestidad"; en **Chile** o **Paraguay**, de "Delitos contra el orden familiar y la moralidad pública"; y en **Panamá, Uruguay** o **Venezuela**, de "Delitos contra las buenas costumbres y el orden familiar". Otros, como **Brasil** o **Bolivia**, separaban "Delitos contra las buenas costumbres" y "Delitos contra la familia". Conductas paradigmáticas eran el adulterio, el concubinato, el incesto y la bigamia, todas consideradas ataques a la paz y estabilidad familiares.

En las décadas siguientes, muchos países despenalizaron estas figuras, aunque no todos. El Código Penal brasileño, por ejemplo, sigue incluyendo adulterio, incesto y bigamia bajo "Delitos contra la moral familiar". Otros, como el haitiano, conservan el adulterio, el concubinato y la bigamia; y países como **El Salvador** o **Puerto Rico** mantienen tipificado el incesto.

En cuanto a las rúbricas, algunos países han optado por unificarlas en torno a la libertad sexual, como **Bolivia** ("Delitos contra la libertad sexual"), **Guatemala** ("Delitos contra la libertad e indemnidad sexual de las personas"), **Nicaragua** ("Delitos contra la libertad e integridad sexual") o **Perú** ("Delitos contra la libertad"). Otros han hecho cambios parciales, como **Colombia**, que sustituyó "libertad y honor sexuales" por "libertad, integridad y formación sexuales", pero mantuvo "Delitos contra la moral pública" y "Delitos contra la familia". En **Honduras**, la nueva rúbrica es "Delitos contra la libertad sexual y la honestidad", combinando libertad e idea moral.

En **Estados Unidos,** no se incorporó expresamente la noción de libertad sexual en la legislación. Tanto el *Model Penal Code* (1962) como los códigos estatales prefirieron expresiones generales como "Sexual offences", sin evitar referencias morales: "Deviate sexual intercourse", "Indecent exposure", etc. El *Model Penal Code* excluyó de su tipificación conductas sexuales consentidas entre adultos (fornicación, adulterio, sodomía), aunque muchos Estados tardaron décadas en despenalizar la homosexualidad consentida.

En el ámbito estadounidense se popularizó, desde los años sesenta, la noción de **"delitos sin víctimas"** (*victimless crimes*), que incluye comportamientos como fornicación, adulterio, bigamia, incesto, prostitución, obscenidad, pornografía, drogas y aborto. El debate sigue abierto: mientras algunos defienden su despenalización por no afectar a terceros, otros subrayan su potencial efecto social.

En definitiva, aunque la tendencia global desde los sesenta ha sido ampliar el ámbito de la libertad sexual y despenalizar ciertas conductas, persisten importantes diferencias terminológicas, conceptuales y culturales entre países. En muchos, junto a la libertad, siguen presentes referencias a la integridad sexual, la moral pública o la familia, que continúan influyendo en la forma de legislar y en la interpretación judicial de estos delitos.

## La despenalización de algunos delitos sexuales en Europa: el adulterio

Como hemos visto, el desarrollo constitucional de la libertad sexual, basada en el derecho a la intimidad, se inició en el Tribunal Supremo de Estados Unidos, impulsado por organizaciones como la *American Civil Liberties Union*. Esto condujo a la despenalización de ciertas conductas como el aborto, la sodomía o la pornografía.

En Europa, en cambio, el avance hacia un Derecho penal más permisivo tuvo su origen en la labor del legislador y en el impulso de la doctrina jurídica, tanto desde la filosofía del Derecho como desde la ciencia penal. Inspirados en los principios de la Ilustración y su plasmación constitucional y legal, y en el marco de un sistema político liberal —en algunos casos instaurado tras revoluciones político-liberales—, se promulgaron códigos penales con la voluntad de sistematizar, humanizar y secularizar el derecho penal. Sin embargo, la despenalización de conductas vinculadas a la moral sexual fue un proceso lento y gradual.

Un ejemplo significativo es el delito de adulterio, castigado por todos los códigos penales europeos hasta la segunda mitad del siglo XX. El Código Penal napoleónico lo regulaba en los artículos 336 a 338, y Francia no lo eliminó hasta 1975. Antes lo habían hecho Italia (1969), Alemania (1969), Malta (1973) y Luxemburgo (1974). Después seguirían España (1978), Portugal (1982), Grecia (1983), Bélgica (1987), Suiza (1989), Austria (1997), Turquía (2004) y Rumanía (2006), entre otros. Hoy, ningún país europeo mantiene el adulterio como delito.

Desde mayo del 68, la visión del matrimonio, la familia y la sexualidad cambió radicalmente en Occidente, sobre todo a partir de finales de los años sesenta, con repercusiones también en el ámbito jurídico. En España, la dictadura franquista frenó inicialmente el reformismo del derecho penal sexual. Sin embargo, tras la aprobación de la Constitución, el país se puso al nivel de su entorno e incluso llegó más lejos que otros, probablemente como reacción al sentimiento de represión presente en una minoría ilustrada influyente. Para esta minoría, existía una inaceptable convivencia entre el régimen franquista y la Iglesia católica en la imposición de una moral sexual reflejada en un derecho penal excesivamente restrictivo.

A comienzos de 1978, en un clima político favorable a la reforma de los delitos sexuales, el Gobierno de UCD presentó al Parlamento un proyecto de ley, en cumplimiento de los Pactos de la Moncloa (27 de octubre de 1977), que abordaba tres cambios concretos: la despenalización del adulterio y la convivencia extramatrimonial ("amancebamiento"), la despenalización de la venta y difusión de anticonceptivos, y la modificación de las edades consideradas para sancionar el rapto y el estupro.

La penalización de los anticonceptivos había sido introducida por el franquismo. La Ley de 24 de enero de 1941, "para la protección de la natalidad contra el aborto y la propaganda anticonceptiva", castigaba la "difusión pública, en cualquier forma, de medios o procedimientos para evitar la procreación, así como toda clase de propaganda anticonceptiva" (art. 14). Esta prohibición se incorporó al artículo 416 del Código Penal de 1944 y apenas varió en las reformas de 1963, 1967 y 1974.

El debate parlamentario tuvo lugar el 26 de abril de 1978. El 1 de septiembre, las Cortes suprimieron la referencia a los anticonceptivos en el artículo 416 y, pocas semanas después, aprobaron la Ley 45/1978, de 7 de octubre, que modificaba los artículos 416 y 343 bis del Código Penal. La disposición adicional de esta ley, pese a las objeciones de la Sección Cuarta de la Comisión General de Codificación, preveía que "[p]ara la correspondiente información, el Gobierno creará los oportunos servicios de planificación y orientación familiar". De este modo, la venta y difusión de anticonceptivos quedó definitivamente despenalizada.

Es cierto que, sin el franquismo, la despenalización del adulterio y de la convivencia extramatrimonial se habría producido antes, y probablemente también la reducción de la edad límite de 23 años para sancionar el rapto y el estupro. No obstante, conviene recordar que esta legislación no fue obra directa de Franco y que el Código Penal de 1944 estaba, en muchos aspectos, más próximo al Código republicano de 1932 que al de Primo de Rivera de 1928.

## ¿Convendría volver a penalizar el adulterio para proteger el matrimonio y la familia?

La pregunta sobre si debería volver a castigarse penalmente el adulterio tiene una gran carga jurídica, social y moral. A lo largo de la historia, y también en la experiencia reciente de España, esta conducta ha pasado de ser un delito a convertirse en una cuestión de carácter privado o moral. Tras estudiar la evolución de su tratamiento legal en España desde el siglo XIX hasta su despenalización, mi opinión es que no conviene reintroducirlo en el Código Penal.

Es indiscutible que el adulterio constituye un ejercicio irresponsable de la libertad sexual. Supone romper la promesa de fidelidad conyugal, cometer una injusticia hacia el cónyuge, alterar gravemente la paz y estabilidad matrimonial y, en muchos casos, perjudicar a los hijos. Además, contribuye a generar un clima de desconfianza en el núcleo familiar y, si se normaliza, debilita la cohesión social. Una sociedad estable necesita personas capaces de establecer vínculos firmes, no solo en el matrimonio, sino también en la vida social, política y económica. En este sentido, el principio jurídico *pacta sunt servanda* ("los pactos están para cumplirse") es fundamental. Si protegemos con firmeza los contratos comerciales, con mayor razón deberíamos proteger los compromisos conyugales, que se dan en el entorno donde toda persona nace, crece y se educa, y en el que existe una especial vulnerabilidad que el Derecho no puede ignorar.

Sin embargo, el Derecho penal no es el instrumento más adecuado para proteger la fidelidad matrimonial. Históricamente, desde la Antigüedad y antes incluso del cristianismo, muchos ordenamientos castigaban el adulterio. Algunos países todavía lo hacen, incluyendo ciertos estados de EE. UU. Pero considero que es un ejemplo claro de conducta moralmente reprochable que no debe ser delito. La experiencia histórica demuestra razones prácticas para no penalizarlo: la complejidad de probarlo, la necesidad de investigaciones invasivas, o el hecho de que una querella interpuesta por el cónyuge ofendido raramente favorece la reconciliación.

Esto no significa que la ley deba permanecer indiferente. El hecho de que no sea delito no lo convierte en moralmente aceptable, aunque algunos puedan interpretarlo así. Precisamente para combatir esta visión simplista, algunos defienden su penalización como medida ejemplarizante. A mi juicio, ese camino es contraproducente: es preferible reforzar las buenas prácticas, crear incentivos para la fidelidad y favorecer el perdón y la reconciliación antes que recurrir al castigo penal.

En el plano religioso, la mayoría de confesiones consideran inmoral el adulterio. Judaísmo, islam y cristianismo han influido en su penalización, aunque de formas distintas. En el judaísmo y en el islam, las normas religiosas han tenido fuerza de ley civil, y aún la conservan en algunos países. En cambio, el cristianismo ha mantenido la separación entre la autoridad espiritual y la temporal, influyendo moralmente, pero dejando la decisión de legislar a la autoridad civil.

En los países occidentales de mayoría cristiana, cuando el adulterio ha sido delito –como ocurrió en España–, la norma siempre ha sido aprobada por el poder civil, a veces con influencia de la moral cristiana, pero nunca por el mero hecho de ser un pecado. Su penalización se basó en razones seculares, a las que en ocasiones se añadían referencias religiosas. Desde sus orígenes, el cristianismo ha defendido la separación de ámbitos con palabras como "Dad al César lo que es del César, y a Dios lo que es de Dios", lo que lo diferencia del judaísmo y del islam, donde no existe esa distinción.

En los Evangelios, Jesús confirmó el carácter inmoral del adulterio según la tradición judía, pero fue más allá: "Todo el que mira a una mujer para desearla ya cometió adulterio con ella en su corazón" (Mateo 5,28). También, cuando le llevaron a una mujer sorprendida en adulterio y le preguntaron si debía aplicarse la pena de lapidación prevista por la Ley de Moisés, evitó la condena y la pena de muerte, aunque sin aprobar la conducta: "Tampoco yo te condeno. Anda, y en adelante no peques más". Su enseñanza fue estrictamente moral, no jurídica.

Por ello, no considero que el cristianismo obligue a los países de mayoría católica a penalizar el adulterio. La necesidad de proteger la fidelidad conyugal sigue siendo actual, quizá más que nunca, pero existen medios legales más apropiados: leyes civiles, laborales o administrativas que fomenten la confianza y el cumplimiento de la palabra dada, empezando por el ámbito familiar. En algunos casos podría contemplarse alguna sanción, pero nunca penal.

No penalizar no equivale a renunciar a la protección jurídica de la fidelidad matrimonial. Simplemente significa que el Derecho penal, por su dureza y naturaleza, pueda no ser el medio idóneo para regular o salvaguardar una realidad tan íntima y delicada. Otras ramas del Derecho pueden promover de forma positiva y constructiva el valor de la fidelidad, sin dejar de sancionar, en ciertos casos, los daños que esta conducta pueda causar a terceros.

Históricamente, la Iglesia no se opuso a la penalización del adulterio, pero tampoco fue la única responsable de su existencia en el Derecho. Si hubiera tenido un control absoluto, probablemente habría logrado que la sanción se aplicara por igual a hombres y mujeres, corrigiendo el sesgo discriminatorio tradicional que veía a la mujer como propiedad del marido. Además, conviene recordar que el adulterio se castigaba mucho antes del cristianismo: en Babilonia, entre los hititas, en el mundo judío, en Grecia y en Roma.

Hoy, la fidelidad conyugal sigue siendo tan valiosa como siempre para los cónyuges, los hijos, la familia y la sociedad. Pero el paso del tiempo nos enseña que no todas las herramientas legales son igualmente adecuadas para protegerla. La Iglesia puede y debe pronunciarse sobre la conveniencia de proteger un bien moral o social, pero corresponde a juristas y legisladores decidir el modo concreto de hacerlo, siempre buscando el bien común.

Por eso, no creo que un país de mayoría católica deba aspirar a reintroducir el delito de adulterio. Si hay que aspirar a algo, es a "carismas mayores": difundir el valor y el atractivo de la fidelidad conyugal, ofrecer incentivos para vivirla y, solo como último recurso, establecer sanciones no penales. Estas conclusiones las expreso después de estudiar más de quinientos casos de adulterio que llegaron en casación al Tribunal Supremo español en el último siglo en que esta conducta fue delito.

# 5. La promoción jurídico-internacional de la libertad sexual desde la ONU (1968-1999): De la anticoncepción al aborto, del derecho a la salud a los derechos sexuales y reproductivos

Desde mediados de los años sesenta, la jurisprudencia norteamericana comenzó a dar cobertura y protección jurídicas a la libertad sexual. Paralelamente, en el marco de conferencias internacionales celebradas desde esa misma época, empezó a consolidarse la noción de "derechos reproductivos", de clara raíz liberal y con un marcado origen anglosajón.

A las corrientes filosóficas que defendían una concepción de la libertad como mera autonomía o "libertad de elección" –centrada en que la realización personal pasa por cumplir las propias decisiones y satisfacer los propios deseos, en especial los de carácter sexual– se sumó otro factor de gran relevancia: el crecimiento demográfico y la preocupación por sus implicaciones.

Este contexto favoreció avances científicos que impulsaron la generalización de los métodos anticonceptivos, haciendo posible disociar sexualidad y procreación. La técnica permitía ya disfrutar de la sexualidad sin la "amenaza" de un embarazo no deseado. En ese marco, diversas conferencias internacionales incluyeron en sus declaraciones referencias explícitas a la conveniencia de la planificación familiar. Con el tiempo, especialmente a partir de la década de los noventa, esas ideas desembocaron en la introducción y consolidación de las expresiones "derechos sexuales" y "derechos reproductivos".

## La planificación familiar como "derecho humano fundamental"

A finales de la década de 1960, varias conferencias internacionales comenzaron a tratar el tema de la **planificación familiar,** calificándolo por primera vez como un **"derecho humano fundamental".**

En 1968, con motivo del vigésimo aniversario de la **Declaración Universal de Derechos Humanos,** se celebró en Teherán (22 de abril – 13 de mayo) una **Conferencia Internacional de Derechos Humanos** cuyo objetivo era evaluar los avances alcanzados y preparar un plan de acción futuro. En su **Proclamación final,** el texto afirmaba:

> "La comunidad internacional debe seguir velando por la familia y el niño. Los padres tienen el derecho humano fundamental de determinar libremente el número de sus hijos y los intervalos entre los nacimientos".

Era la primera vez que un documento jurídico reconocía como derecho humano la facultad de los padres de decidir sobre el número y espaciamiento de sus hijos. Aunque esta capacidad ya existía de facto, el precepto respondía a la preocupación por el crecimiento demográfico y a los avances científicos que popularizaron el uso de métodos anticonceptivos, separando sexualidad y procreación. En la práctica, era una llamada al uso de la contracepción.

La mirada técnica con que las instituciones internacionales comenzaron a abordar la sexualidad redujo una realidad compleja a un problema médico de planificación. Pero la medicina, cuando se convierte en dueña de la vida en lugar de servidora de esta, corre el riesgo de olvidar lo esencial. Thomas Mann, en *La montaña mágica* (1924), reflexionó con gran agudeza sobre la experiencia del tiempo como una realidad profundamente ligada al cuerpo y a sus ritmos fisiológicos. La medicalización de la existencia puede atraparnos en una visión puramente biológica, olvidando que en cada latido, en cada respiración, hay una vida personal que no puede ser reducida a estadísticas ni a programas de control demográfico.

Pocos meses después, **Pablo VI** publicó la encíclica *Humanae Vitae* (25.7.1968), advirtiendo de los peligros de esa disociación y condenando tanto el aborto como el control de la natalidad basado en métodos anticonceptivos.

En **1974**, la **Conferencia Mundial de Población** celebrada en Bucarest amplió este derecho. Ya no solo se reconocía a los padres, sino también a todas las parejas —casadas o no— y a cualquier individuo. Esto suponía que no era necesario un vínculo matrimonial para tener hijos y que incluso una persona sola podía acceder a la maternidad o paternidad. El documento también promovía que toda persona dispusiera de medios, información y educación para ejercer libremente su sexualidad.

En **1979**, la **Asamblea General de la ONU** aprobó la **Convención sobre la Eliminación de Todas las Formas de Discriminación contra la Mujer (CEDAW)**. Aunque no emplea la expresión "derechos reproductivos", sí alude a la "función de reproducción". El artículo 11 recoge, entre otros puntos:

> "El derecho a la protección de la salud y a la seguridad en las condiciones de trabajo, incluso la salvaguardia de la función de reproducción".

El artículo 12 desarrolla este punto, incluyendo el acceso a servicios de atención médica vinculados a la planificación familiar y a la atención en el embarazo, parto y posparto.

La Convención también conecta igualdad y corresponsabilidad en materia familiar:

> "Los mismos derechos a decidir libre y responsablemente el número de sus hijos y el intervalo entre los nacimientos, y a tener acceso a la información, la educación y los medios que permitan ejercer estos derechos".

De este modo, se aplicaba el principio de corresponsabilidad a la decisión sobre el número y espaciamiento de los hijos, retomando casi literalmente la fórmula de Teherán (1968). Además, subrayaba que la educación familiar debía incluir la responsabilidad compartida de hombres y mujeres en la crianza y el desarrollo de sus hijos. También introducía dos principios: la maternidad como función social y el interés superior del menor.

En **1983**, la **Reunión Regional Latinoamericana Preparatoria** para la Conferencia Internacional de Población (La Habana, 16–19 de noviembre) reafirmó que la familia es la unidad básica de la sociedad y que los gobiernos deben protegerla mediante leyes y políticas adecuadas, para que pueda asumir plenamente sus derechos y deberes.

*Comprender el aborto en el siglo XXI*
Aniceto Masferrer

El documento vinculaba la función social de la familia con una relación de derechos y deberes: derechos para cumplir su papel en la sociedad y deberes que obligan a responder en caso de incumplimiento. Advertía que si el Derecho no protege a la familia, esta no puede desempeñar su función social. Además, alertaba de que, si los gobiernos reducen la familia a un ámbito privado de gratificación individual, donde abundan los derechos pero casi no hay deberes, la institución pierde su sentido social. En tal escenario, la disolución del vínculo se facilita y la parte que sí cumple sus obligaciones queda en desventaja.

El artículo 7 de la propuesta trataba expresamente la planificación familiar, defendiendo el derecho fundamental de parejas e individuos a decidir libre y responsablemente el número y espaciamiento de sus hijos y a disponer de información y medios para ejercerlo. También pedía a los gobiernos que, si querían modificar las pautas de reproducción por razones de política nacional, respetaran los valores sociales y culturales.

En **1984**, la **Conferencia Mundial de Población y Desarrollo** en México volvió a tratar la planificación familiar y la reproducción, incluyendo la adolescencia. Como en Bucarest (1974), hubo **tensiones** entre países desarrollados y en vías de desarrollo. Los primeros, con alta densidad poblacional, defendían frenar el crecimiento; los segundos, con territorios poco poblados, lo consideraban clave para su desarrollo. Estados Unidos pidió analizar el tema de forma neutral y rechazó el aborto y la esterilización como métodos de control natal.

En ese contexto, el presidente de la delegación argentina, Juan V. Sourrouille, declaró:

> "Seamos fieles a los principios de nuestro plan y miremos con signo positivo los cambios en el nivel

de la fecundidad en tanto muestren que más familias están ejerciendo su derecho humano básico de decidir libremente el número de hijos que desean tener. Pero miremos negativamente esos cambios si son el fruto de cualquier tipo de coerción implícita o explícita".

Este derecho fue reafirmado en la **III Conferencia Mundial de la Mujer** (Nairobi, 1985), recogido en las **Estrategias de Nairobi** aprobadas por la ONU. El texto señalaba:

> "La capacidad de la mujer de controlar su propia fertilidad constituye una base importante para el goce de otros derechos".

Además, instaba a los gobiernos a garantizar **información, educación y medios** para que mujeres y hombres puedan decidir cuántos hijos desean.

En **1993**, la **Conferencia Mundial sobre Derechos Humanos** (Viena) volvió a referirse a **la salud física y mental de la mujer** y a su derecho a acceder a **servicios de planificación familiar** amplios y adecuados.

## La introducción de los "derechos reproductivos" y "salud reproductiva": Las Conferencias Internacionales en El Cairo (1994) y Beijing (1995)

La Conferencia Internacional sobre Población y Desarrollo celebrada en El Cairo del 5 al 13 de septiembre de 1994 fue la primera en utilizar oficialmente las expresiones *salud reproductiva* y *derechos reproductivos*. El capítulo VII del Programa de Acción se titulaba precisamente "Derechos reproductivos y salud reproductiva". En su

Preámbulo se anunciaba "un nuevo concepto amplio de la salud reproductiva, que incluye la planificación de la familia y la salud sexual".

La novedad no estaba en usar el término "reproductivo" para referirse a la procreación –ya común desde finales de los años 70–, sino en asociarlo a "salud reproductiva" y, sobre todo, en presentar esta salud como un derecho. Con el tiempo, y al asumir en Occidente una nueva concepción de la libertad sexual, esa fórmula evolucionó hacia la expresión "derechos sexuales y reproductivos".

George Orwell (1903–1950), en *1984* (1949), mostró cómo el poder manipula la realidad redefiniendo el lenguaje: "Quien controla el pasado controla el futuro; quien controla el presente controla el pasado". Algo semejante ocurre cuando el discurso jurídico sustituye el cuidado de la salud por la eliminación de la vida incipiente: el giro de las palabras anticipa el giro de las conciencias.

Esta mutación coincide con lo que Michel Foucault describió como el paso de una política de soberanía a una política de la vida: el biopoder. A partir del siglo XX, Estados y organismos internacionales gestionan la sexualidad y la reproducción no solo con leyes, sino mediante estadísticas, programas de salud y discursos de derechos. La vida –en su dimensión más íntima: nacimiento, reproducción, muerte– se convierte en objeto de cálculo político. Desde esta perspectiva, lo que se presenta como ampliación de libertades puede interpretarse también como una nueva forma de gobernar poblaciones a través de la regulación de la sexualidad.

El capítulo VII definió *salud reproductiva* como un estado de bienestar físico, mental y social –y no sólo la ausencia de enfermedad– en todos los aspectos relacionados con el sistema reproductivo y sus funciones. Implicaba poder disfrutar de una vida sexual satisfactoria y sin riesgos, la capacidad de procrear y la libertad para decidir hacerlo o no, cuándo y con qué frecuencia. Este derecho incluía el acceso a información y a métodos de regulación de la fecundidad no prohibidos por la ley, así como a servicios de salud que garantizaran embarazos y partos sin riesgos y maximizaran las posibilidades de tener hijos sanos.

Dentro de esta concepción, la *atención de la salud reproductiva* abarcaba métodos, técnicas y servicios destinados a evitar y resolver problemas relacionados con la salud reproductiva, e incluía también la salud sexual, entendida como el desarrollo de la vida y de las relaciones personales, no sólo como asistencia en reproducción o enfermedades de transmisión sexual.

En la práctica, gran parte de estos métodos consistía en la generalización de la anticoncepción. El texto hacía balance del aumento del uso de anticonceptivos desde la Conferencia de Teherán (1968), destacando que en 30 años el porcentaje de parejas en países en desarrollo que utilizaban algún método de planificación familiar había pasado del 11% a más del 55%, con un descenso de la tasa media de fecundidad de entre seis y siete hijos por mujer a tres o cuatro.

La Conferencia también propuso promover el uso del preservativo, especialmente como medida preventiva frente al VIH/SIDA. La información y educación sexual se centraron en fomentar relaciones sexuales placenteras y seguras, entendiendo por seguras aquellas que incluyeran métodos preventivos fiables, entre ellos la distribución masiva de preservativos de buena calidad como parte integral de los servicios de salud reproductiva.

Uno de los puntos clave fue el reconocimiento, por primera vez, de la decisión de los padres sobre el número de hijos, su espaciamiento y el momento de su nacimiento como un *derecho humano*. Entre los objetivos, figuraba prevenir embarazos no deseados y reducir los embarazos de alto riesgo, lo que llevó a plantear el *aborto seguro* como servicio sanitario, lo que a su vez implicaba su legalización, extensión y financiación.

Las referencias al aborto fueron ambiguas y a veces contradictorias. Por un lado, el texto afirmaba que los gobiernos debían ayudar a las mujeres a evitarlo y que no debía promoverse como método de planificación familiar. Por otro, la lectura completa del capítulo VII mostraba que la verdadera orientación era facilitar abortos en "condiciones adecuadas" allí donde no estuvieran prohibidos, priorizando la reducción de abortos ilegales e inseguros, considerados una grave amenaza para la salud y vida de las mujeres.

A esta visión se sumaba un dato: el 90% de los países del mundo, que representaban el 96% de la población, ya permitían el aborto en ciertas circunstancias legales para salvar la vida de la mujer. La conclusión lógica de la Conferencia era que convenía legalizarlo para garantizar su seguridad.

No obstante, numerosos países plantearon reservas, especialmente en torno al derecho a la vida desde la concepción, la definición de matrimonio como unión entre hombre y mujer y la aceptación de la nueva terminología. Entre ellos estuvieron El Salvador, Argentina, Honduras, Nicaragua, Paraguay, República Dominicana, Guatemala, Ecuador, Malta, Perú y varios países musulmanes. Sus objeciones incluían desde el rechazo expreso del aborto hasta la limitación del reconocimiento legal de "diversas formas de familia" sólo a aquellas que no incluyeran uniones del mismo sexo.

La Santa Sede compartió muchas de estas reservas, aunque su postura fue a menudo presentada por algunos analistas como la principal oposición a la nueva concepción de la sexualidad. En realidad, sus argumentos fueron similares a los de otros Estados, tanto occidentales como musulmanes. La delegación vaticana aceptó sumarse parcialmente al consenso, aprobando algunos capítulos y reservándose su posición en otros, especialmente en lo relativo a salud sexual y reproductiva, por su vinculación implícita al aborto y a la actividad sexual fuera del matrimonio, incluida la de los adolescentes.

Pese a las reservas, los "derechos sexuales y reproductivos" quedaron incorporados al lenguaje jurídico internacional. Las ambigüedades iniciales se disiparon rápidamente y, en los años siguientes, la noción se consolidó en documentos como la Carta de Derechos Reproductivos de la *International Planned Parenthood Federation* (1996), que promovía una visión liberal de la sexualidad basada en la autonomía individual sin límites externos.

Este documento defendía, entre otros puntos, el aborto seguro como parte del derecho a la privacidad, limitaba la objeción de conciencia del personal sanitario y vinculaba los derechos reproductivos al acceso a servicios como la contracepción, el aborto y la reproducción asistida. Según la jurista María Elósegui (jueza en el Tribunal Europeo de Derechos Humanos desde 2018), esta concepción se enmarca en un modelo de sexualidad que busca la emancipación absoluta de la mujer respecto del varón y el control total —o incluso la abolición— de la reproducción.

El resultado de estas transformaciones es paradójico: en nombre de la libertad sexual, el cuerpo —especialmente el femenino– se convierte en territorio de control global, objeto de políticas, estadísticas y programas.

Margaret Atwood, en *El cuento de la criada* (1985), lo advirtió con su habitual clarividencia: "Nada cambia de manera instantánea: en una bañera que se calienta poco a poco, morirías hervido antes de darte cuenta". La distopía que plasmó en su novela –y que luego inspiró la película (1990) y la serie televisiva (2017)– refleja con crudeza una paradoja actual: en nombre de la libertad y de los llamados derechos reproductivos, el cuerpo femenino puede terminar reducido a objeto de control político y social. En la ficción, las mujeres fértiles son expropiadas para servir al poder; en nuestra realidad, el riesgo es que la sexualidad, instrumentalizada bajo la retórica de la autonomía, acabe vigilada, controlada y mercantilizada. La literatura y el cine advierten que, cuando la libertad sexual se convierte en dogma, no libera, sino que esclaviza bajo nuevas formas de dominio.

En revisiones posteriores de los programas de El Cairo (Cairo+5, 1999) y Beijing (Beijing+5, 2000), la terminología y los principios de los derechos sexuales y reproductivos se repitieron y reforzaron, con la idea de que cada Estado podía decidir sus políticas de aborto, pero siempre bajo el paraguas de estos nuevos derechos.

En menos de un lustro (1994-1999), la ONU pasó de introducir estas nociones a consolidarlas como parte de su marco normativo. Las ideas que las sustentaban, sin embargo, venían gestándose desde la década de 1960.

Al año siguiente de la Conferencia en El Cairo, se celebraron dos conferencias internacionales que incorporaron de forma expresa los llamados *derechos reproductivos*:

- La **Cumbre Mundial sobre Desarrollo Social** (Copenhague, 6-12 de marzo de 1995).
- La **IV Conferencia Mundial sobre la Mujer** (Beijing, 4-15 de septiembre de 1995).

En el caso de la Cumbre de Copenhague, el informe final se comprometió a garantizar *servicios de atención primaria de salud, incluida la salud reproductiva*, así como a ampliar la oferta de servicios relacionados con ella. Aunque en su Declaración no se mencionaba el aborto, algunos países aprovecharon para dejar claro su rechazo a cualquier terminología que pudiera interpretarse como un respaldo, directo o indirecto, a prácticas abortivas.

La Conferencia de Beijing retomó la expresión "salud sexual y reproductiva" y mantuvo un lenguaje ambiguo: por un lado, reiteró que el aborto no debía usarse como método de planificación familiar; por otro, insistió en que los abortos realizados en condiciones no seguras constituían un grave problema de salud pública, y animó a garantizar su práctica "en condiciones adecuadas" cuando la ley lo permitiera. Además, invitó a revisar las leyes que imponían sanciones a mujeres que habían abortado ilegalmente. En la práctica, este texto reproducía casi punto por punto la filosofía de El Cairo (1994), y las reservas planteadas por los países fueron prácticamente las mismas en ambas conferencias.

En 1996, la **Federación Internacional de Planificación Familiar** (IPPF) publicó la **Carta de Derechos Reproductivos** (*Charter of Reproductive Rights*), que desarrollaba y difundía los principios acordados en El Cairo y Beijing. Esta carta defendía una concepción abiertamente liberal de la sexualidad, que ha influido de forma notable en muchas reformas legales posteriores. Su publicación, dos años después de El Cairo y un año después de Beijing, y justo antes de las revisiones Cairo+5 y Beijing+5 (1999), no parece fruto de la casualidad.

El documento buscaba que todos los gobiernos incorporaran sus principios a sus legislaciones. Su filosofía se resumía en dos ideas:

1. El individuo es dueño absoluto de su cuerpo, sin límites externos.
2. Los derechos reproductivos son la máxima expresión de los derechos humanos.

Entre sus afirmaciones más controvertidas estaba la idea de que, según el derecho internacional, solo las personas ya nacidas son jurídicamente consideradas seres humanos, dejando sin definir el momento exacto en que comienza la vida. También enfatizaba el derecho a disfrutar y controlar libremente la sexualidad, sin mencionar la responsabilidad compartida entre hombre y mujer.

Algunos artículos de la Carta iban más allá:

- **Art. 2.5**: Presentaba las creencias religiosas como "mitos" o factores psicológicos que inhiben la respuesta sexual.
- **Art. 4.4**: Reconocía la autonomía absoluta en reproducción, incluyendo el "aborto seguro" y garantizando confidencialidad a los jóvenes para evitar la intervención de sus padres.
- **Art. 5.2 y 5.3**: Defendía el acceso a educación sexual por encima de restricciones religiosas y limitaba la objeción de conciencia del personal sanitario.
- **Art. 7**: Equiparaba los servicios de fertilidad e infertilidad, aunque esto contradice interpretaciones jurídicas europeas que no consideran la in-

fertilidad una enfermedad ni obligan al Estado a ofrecer reproducción asistida.

- **Art. 8.1**: Incluía el aborto seguro como un derecho, algo que ni El Cairo ni Beijing habían hecho de forma explícita.

Además, el texto establecía el derecho a beneficiarse de los avances científicos, como acceso a anticoncepción, aborto y técnicas de reproducción asistida. Presentaba estos derechos no como libertades negativas (en las que el Estado simplemente no interfiere), sino como derechos positivos que el Estado debe garantizar, tratando a las personas como "clientes" más que como pacientes.

Según Elósegui, esta Carta respondía a tres modelos de sexualidad:

1. Roles fijos y determinados por la biología.
2. Liberación total de la mujer respecto al varón y control absoluto (o eliminación) de la maternidad, vista como opresiva.
3. Corresponsabilidad e interdependencia entre hombre y mujer.

La Carta contribuyó a consolidar y desarrollar los "derechos sexuales y reproductivos", que se incorporaron con fuerza en las revisiones de El Cairo (1999) y Beijing (2000).

En 1999, durante la sesión especial Cairo+5 en la ONU, se reafirmaron estos derechos, destacando el derecho a la salud sexual y reproductiva y a tomar decisiones sobre la reproducción sin discriminación, coerción ni violencia. Aunque se repetía que el aborto no debía promoverse como método de planificación familiar, también se insistía en que, donde fuera legal, debía practicarse en condiciones adecuadas. Se respetaba, eso sí, la soberanía de cada Estado para legislar sobre esta materia.

En el año 2000, la revisión Beijing+5 incluyó múltiples referencias a la salud sexual y reproductiva. En apenas cinco años (1994-1999), la noción y terminología de "derechos sexuales y reproductivos" había pasado de ser una propuesta en foros internacionales a convertirse en un concepto consolidado, aunque sus raíces ideológicas pueden rastrearse hasta la década de 1960.

La película *Unplanned* (2019) ofrece un testimonio estremecedor. Basada en la vida real de Abby Johnson, exdirectora de Planned Parenthood, cuenta cómo pasó de ser una de las principales defensoras del aborto en EE. UU. a convertirse en activista provida tras presenciar un aborto por ecografía. Este relato muestra que, detrás de la retórica de los "derechos reproductivos", hay una realidad de sufrimiento y violencia que no puede ignorarse. La película revela la fuerza del testimonio personal frente al discurso ideológico.

Otra película que ilustra con fuerza esta transformación es *Las normas de la casa de la sidra* (1999). Allí, un médico en un orfanato practica abortos bajo la convicción de que actúa por compasión hacia mujeres desesperadas. El espectador se enfrenta a la tensión entre la protección de la vida naciente y el deseo de aliviar un sufrimiento inmediato. La película refleja bien el clima cultural de finales del siglo XX: el aborto aparece como mal menor, casi como acto de cuidado, pero a costa de silenciar al más vulnerable, el nasciturus. El cine revela lo que los textos jurídicos esconden tras su neutralidad: la tragedia de vidas que se cruzan en decisiones irreversibles.

# 6. La recepción social generalizada del nuevo paradigma de libertad sexual y la connaturalización con el aborto como lógica consecuencia

Para algunos filósofos, como Marcuse, y médicos, como Freud y Reich –muy influyentes en la sociedad occidental del siglo pasado–, la liberación sexual sería la clave para alcanzar la tan buscada felicidad. Herbert Marcuse llegó incluso a asegurar que esa liberación acabaría con las estructuras de poder en la sociedad, algo que con el tiempo se ha demostrado falso. En realidad, todo modelo moral pretende ofrecer una guía de comportamiento que dé sentido a la vida y nos acerque a la plenitud. Pero al final es la propia experiencia la que confirma o desmiente si esa aspiración se cumple.

La nueva moral sexual que apareció en la segunda mitad del siglo XX se presentó con esa intención. Quienes la adoptaron lo hicieron convencidos de que era mejor satisfacer el impulso sexual que reprimirlo. Siguiendo las ideas de Freud y Reich, pensaban que la "represión" del instinto sexual era dañina y que lo deseable era una moral que buscara de forma positiva la satisfacción del deseo, siempre que no se atentara contra la libertad de otras personas.

Ahora bien, ¿qué impacto ha tenido ese modelo en la sociedad real? Para responderlo, voy a centrarme en tres aspectos: primero, la relación entre la satisfacción del deseo sexual y el permisivismo social; después, la crisis actual en torno a la autodeterminación y el consentimiento en las relaciones sexuales; y, por último, la situación de los más vulnerables en una sociedad sexualmente permisiva, especialmente los niños y las mujeres.

## Satisfacción del deseo sexual, permisivismo moral y sociedad hipersexualizada

La sociedad occidental actual tiene poco que ver con la de la segunda mitad del siglo pasado. En España, por ejemplo, quizá ni Alfonso Guerra habría imaginado una transformación tan profunda cuando dijo: "El día en que nos vayamos [el PSOE del Gobierno], a España no la va a conocer ni la madre que la parió". Es cierto que los gobiernos han acelerado parte de ese cambio –baste pensar en la despenalización parcial del aborto en 1985–, pero las bases del nuevo modelo sexual no nacen de un partido concreto: proceden de corrientes culturales, intereses empresariales y financieros, y de organismos y *lobbies* internacionales cuya influencia global supera con mucho la de cualquier institución civil, política o religiosa en la historia de Occidente.

En pocas décadas, esta nueva moral sexual ha pasado de alternativa a hegemónica. Hoy, en muchos matrimonios las relaciones se apoyan en anticoncepción –o incluso en píldoras con efecto abortivo–; y las relaciones entre personas no casadas o sin apenas compromiso se han generalizado, a menudo tras poco tiempo de conocerse. La edad de inicio sexual también se ha adelantado: la media ronda los 16,5 años (cohortes 2019–2023) y en 2023 distintas encuestas en España situaban en torno al 50 % a los jóvenes de 16-18 años que ya habían tenido relaciones con penetración, porcentaje que ascendía al entorno del 70 % entre los 19-21.

La imitación pesa mucho en ese adelanto. Un meta-análisis (Utrecht + Instituto Psiquiátrico de Nueva York) que revisó 58 estudios en 15 países (casi 70.000 adolescentes) concluyó que el principal motivo para iniciarse sexualmente es que los amigos lo hacen: las "normas descriptivas" (lo que se ve que hacen los demás) superan a las de aprobación del grupo y a la presión explícita. Como resume Ana Yáñez Otero, "en un grupo donde la sexualidad importa, sus miembros tenderán a reproducir ese patrón".

La información sexual que reciben los menores suele orientarse —cada vez antes— a cómo mantener relaciones "seguras", más que a si conviene iniciarlas. Aun así, la OMS advirtió en 2024 de un descenso del uso del preservativo entre adolescentes europeos entre 2014 y 2022: del 70 % al 61 % en chicos y del 63 % al 57 % en chicas. En España, 2024, encuestas a jóvenes señalaban que cerca del 25 % de los 15-19 años decía no usar nunca anticonceptivos. Es un marco que facilita prácticas de riesgo, especialmente allí donde el inicio sexual es temprano.

Se suma, además, la creciente vinculación entre sexo y consumo de alcohol o drogas. Muchas veces esas sustancias se usan deliberadamente para desinhibirse y favorecer encuentros indiscriminados, con la consiguiente pérdida de control y difuminación del consentimiento. En contextos festivos multitudinarios —bien conocidos en determinadas ciudades españolas— esta combinación multiplica los excesos y las agresiones.

La pornografía merece un apartado propio. El paso a internet (y ahora a entornos inmersivos) disparó su alcance: en 2023–2024 varias encuestas situaban en torno al 70 % el porcentaje de adolescentes que accede a contenidos pornográficos antes de los 18. No hablamos solo de imágenes: hablamos de un guion de sexualidad que normaliza la cosificación, prácticas extremas o violentas y la ausencia de vínculo afectivo. Su potencial adictivo –también en menores– ha convertido el fenómeno en un negocio multimillonario de impacto social todavía insuficientemente evaluado.

La anticoncepción separó sexualidad y procreación; el llamado "amor libre" ha querido separarla, además, de cualquier compromiso. El resultado es visible: bajan los matrimonios, suben las rupturas. Algunos lo atribuyen a la emancipación femenina; otros señalan, además, la fragilidad de vínculos que se construyen priorizando la gratificación sexual. Como recuerda el filósofo del Derecho Jesús Ballesteros, la erosión del *pacta sunt servanda* en el ámbito íntimo acaba debilitando la confianza social en los pactos en general. Y los hijos sufren de modo especial: incluso cuando el divorcio es necesario, difícilmente puede celebrarse como una conquista social si implica perder un hogar estable.

La moral tradicional fue criticada por producir culpa; la moral del deseo personal parece más cómoda. Pero tiene un coste: los hábitos forjan el carácter, y la pulsión sexual –una de las más potentes– no se gobierna solo con voluntad. De ahí que la adicción sexual sea hoy un problema real. En 2012, un estudio clínico en *The Journal of Sexual Medicine* ya mostraba la magnitud del daño (pareja rota en el 40 %, 72 % con ideas suicidas, 17 % con intentos, 27 % con problemas laborales, 68 % en riesgo de VIH, 36 % con abortos). Y los datos más recientes sobre prevalencia apuntan a un fenómeno nada marginal: el trastorno de conducta sexual compulsiva se estima en torno al 5 % de la población general (2023/2024, encuesta internacional), con estimaciones del 8,6 % en Estados Unidos (2022, revisión epidemiológica) y tasas de hasta el 24 % en pacientes con otras adicciones (2024, muestra clínica).

Ni Freud ni Reich previeron que una sexualidad *ad libitum* pudiera derivar en un círculo de vacío e insatisfacción tan difícil de romper –tanto si se sigue alimentando el impulso (pensamientos obsesivos, necesidad irrefrenable, culpa) como si se intenta reprimir (ansiedad, insomnio, falta de concentración). La impresión de muchos analistas parece confirmarse: vivimos en una **sociedad hipersexualizada** –o "pornificada"–, quizá más acusada en Estados Unidos, pero cada vez más visible también en Europa.

## La crisis de la autodeterminación y del consentimiento en las relaciones sexuales

El panorama descrito hasta aquí pone de relieve una paradoja llamativa de la sociedad actual: por un lado, se erige el consentimiento libre como criterio fundamental de la moral sexual; por otro, se alimenta un clima social hipersexualizado, que fomenta la gratificación inmediata del deseo y dificulta el control de las propias pulsiones. El resultado es que las personas más vulnerables –niños, adolescentes y mujeres– quedan especialmente expuestas a abusos y violencias cometidas por quienes no son capaces de contener sus impulsos. Y esos mismos agresores son, a su vez, fruto de un entorno que promueve la gratificación sexual y tolera negocios altamente lucrativos que convierten los cuerpos en mercancías, banalizan la sexualidad y reducen a la persona a un objeto de consumo.

Me centraré primero en la primera parte de esta paradoja: el problema del consentimiento en una sociedad hipersexualizada. Más adelante abordaré las consecuencias que esta situación acarrea para los sectores más vulnerables.

Una vez descritas las consecuencias de la nueva moral sexual y aceptado –como reconocen filósofos, sociólogos y médicos– que vivimos inmersos en una cultura hipersexualizada, es más fácil comprender la dificultad de escapar de ese ambiente erótico y pornográfico omnipresente. La fuerza de la pulsión sexual, bien conocida y experimentada por cualquiera, hace que en este contexto elevar la "libertad" o el "consentimiento libre" a principio supremo presente un problema evidente. Para que una conducta sea realmente libre, no basta con tener capacidad de elegir: es imprescindible contar también con capacidad de autocontrol.

Quien no es capaz de contenerse no actúa en libertad, aunque formalmente parezca elegir. Nadie pensaría que un adicto a las drogas es libre para decidir si consumir o no; tal vez lo fuera al principio, pero no cuando la adicción se ha afianzado y resulta difícil salir de ella. Lo mismo ocurre con otras costumbres arraigadas: quien se ha habituado a comer en exceso no deja de hacerlo de un día para otro. El cuerpo humano no es una máquina que obedece a un clic mental inmediato, y la vida moral no es un mecanismo que se enciende o apaga a voluntad.

Según Sartre, el ser humano "es una pasión inútil" y "está condenado a ser libre" (*El ser y la nada*, 1943). Pienso que no es ni tiene por qué vivir así, siempre y cuando sea capaz de autodeterminarse. Sin autodeterminación no hay verdadera autonomía de la voluntad, y sin esta autonomía no es posible vivir de acuerdo con la dignidad humana. En este punto, es inevitable aludir a la concepción kantiana, que vinculó autonomía y dignidad para hacer frente a corrientes filosóficas –como el pragmatismo, el utilitarismo o el consecuencialismo– que contribuyeron a los horrores del siglo XX. No en vano, la noción jurídica de dignidad humana surgida tras la Segunda Guerra Mundial incorporó esa visión kantiana para rescatar un concepto que se había degradado.

Sin embargo, la expresión "libertad sexual", heredada de la tradición norteamericana y adoptada en Europa tras Mayo del 68, tiene poco que ver con la autodeterminación de la que hablaba Kant. Por eso, quienes impulsaron incluirla en títulos y capítulos de los códigos penales relativos a los delitos sexuales –interpretándola como equivalente a la autonomía de la voluntad y a la dignidad humana– partían de un malentendido. La autodeterminación kantiana no consiste en poder elegir entre satisfacer o no una pulsión sexual, sino en ser capaz de contenerla para actuar realmente en libertad.

En definitiva, es paradójico que se invoque la doctrina de un filósofo que buscaba evitar la cosificación de la persona para justificar una "libertad sexual" entendida como la opción de satisfacer impulsos inmediatos, cuando precisamente esa satisfacción sin freno conduce a lo contrario de lo que él defendía: la pérdida de la capacidad de decidir de forma libre y autónoma.

La moral sexual kantiana buscaba evitar que la satisfacción del deseo sexual convirtiera a la persona en un simple objeto, además de procurar que nuestras decisiones no comprometieran la capacidad futura de actuar con auténtica libertad. Por eso Kant se propuso encontrar un principio que limitara el uso de la inclinación sexual, de modo que pudiera ser compatible con la moralidad y con el respeto debido a la persona como fin en sí misma: "El ser humano no puede ser usado meramente como medio, sino siempre al mismo tiempo como fin".

Para él, sólo dentro de un compromiso sólido entre dos personas –tan fuerte como el matrimonio– era posible una relación sexual recíproca sin que ello supusiera una degradación de la naturaleza humana o una violación de la moral. En ese contexto, "el uso de los órganos sexuales para satisfacer la inclinación sexual" no era mera gratificación física, sino la expresión de un "derecho a disponer plenamente de la otra persona" en todo lo que afecta a su felicidad y a su integridad, lo cual incluye también la dimensión sexual. En otras palabras, para Kant, disfrutar sexualmente de alguien con quien uno se ha comprometido plenamente –abarcando la totalidad de su persona– no implicaba cosificación, porque "la adquisición de un miembro del cuerpo de un hombre o una mujer es, a la vez, adquisición de la persona entera, pues esta es una unidad absoluta". Sólo desde esa aceptación total la relación sexual resulta coherente con la dignidad humana.

Por el contrario, satisfacer la inclinación sexual mediante relaciones efímeras y sin un compromiso que integre a la persona en su totalidad resultaba, para Kant, impropio de la condición humana, tanto si había mediado un pago como si había otro tipo de interés. En el primer caso, "la condición humana queda relegada a un segundo plano, sacrificada en aras del sexo". Cosificar a la persona –tratarla como si pudiera ser propiedad de sí misma– es contradictorio: "Sólo en cuanto persona puede alguien poseer cosas; si fuera propiedad de sí mismo, sería una cosa. No es posible ser a la vez cosa y persona, propiedad y propietario".

Por eso, aceptar una relación sexual a cambio de un interés –económico o de otro tipo– es, para Kant, "la mayor depravación imaginable", porque el ser humano "no es una propiedad ni puede disponer de su cuerpo como le plazca, ya que éste es parte inseparable de su persona, y nadie puede convertir su persona en una cosa".

Tampoco las relaciones sexuales casuales o basadas en acuerdos pasajeros, aunque sin intercambio de dinero, eran aceptables para Kant: "Si no tengo derecho alguno sobre la totalidad del ser humano, sino sólo sobre una parte, convierto a toda su persona en una cosa". Además, advertía que en tales casos "la mujer se somete completamente al varón en lo que respecta al sexo, mas no al contrario".

Puede sorprender este modelo de moral sexual en Kant –figura central de la Ilustración, defensor del pensamiento crítico y de la autonomía de la voluntad–, pero su concepto de autonomía implicaba saber "gobernarse a sí mismo" también en el ámbito sexual. Renunciar al control del instinto no sólo significaba, para él, retroceder a la inmadurez, sino degradarse como persona y perder la autonomía propia de quien tiene dominio sobre sus actos, incluso frente a pasiones intensas y en un entorno social altamente sexualizado.

La moral sexual contemporánea, centrada en el consentimiento y en la gratificación del deseo en una sociedad hipersexualizada, ha dado paso a una crisis del concepto mismo de autodeterminación. Este ya no se entiende como en Kant, sino como la simple posibilidad de optar por la gratificación sexual siempre que la otra parte consienta. El problema es que la crisis de la autodeterminación revela, a su vez, la fragilidad del consentimiento: este puede darse por una inclinación que no se sabe o no se puede controlar, o mantenerse a medias, cuando en realidad se preferiría no tener relaciones sexuales o detenerse antes.

Que el consentimiento sea esencial en cualquier relación sexual es indiscutible, incluso para quienes discrepan en otros aspectos morales. Pero en la sociedad actual, una vez erigido como único criterio rector de la sexualidad, el tiempo ha mostrado que, sin una educación integral de la persona –que forme la razón, los afectos y la voluntad–, resulta frágil y vulnerable. Esa educación debería fomentar un respeto profundo por la dignidad de cada ser humano, especialmente de quienes son más vulnerables. Sin embargo, es difícil –por no decir imposible– lograrlo en un contexto que transmite un mensaje radicalmente opuesto.

Y dado que los seres humanos tendemos a imitar lo que vemos a nuestro alrededor, nada hace pensar que la crisis del consentimiento deje de amenazar la dignidad de muchas personas. Las más perjudicadas son, como siempre, las más vulnerables: niños, adolescentes y mujeres. Kant ya lo advirtió: en las relaciones sexuales efímeras y consensuales, sin un compromiso firme entre las partes, "la mujer se somete completamente al varón por lo que respecta al sexo, mas no al contrario".

## Los colectivos más vulnerables: niños, adolescentes y mujeres

Un rasgo característico de la hipersexualización de la sociedad es la aparente paradoja entre la banalización –o irrelevancia– del sexo y el culto al cuerpo –desnudo o semidesnudo– de la mujer, que inunda las calles con anuncios publicitarios, el cine –películas y series–, la televisión, las redes sociales, los espectáculos públicos, y con motivo de la celebración de determinadas fiestas –locales o nacionales–. Cabría afirmar que la sombra de la minifalda que trajo Mayo del 68 es alargada. La literatura norteamericana ha denunciado en qué medida el vestido sexualiza el cuerpo de la mujer, denigrándola y presentándola como objeto de placer y de consumo. Esta realidad afecta todavía más a las niñas y adolescentes, como recogió el Proyecto de Informe sobre la sexualización de niñas de la UE (2012). La moda tampoco ha quedado al margen del actual proceso cultural de hipersexualización de menores y adolescentes. De ahí el debate y las diversas recomendaciones en torno a la edad en la que chicas modelos pueden subir a las pasarelas.

En 2016, la escritora norteamericana Nancy Jo Sales publicó un estudio titulado *American Girls: Social Media and the Secret Lives of Teenagers*, en el que denunciaba, avalada por el testimonio de decenas de chicas estadounidenses, una sociedad en la que todas (pequeñas, jóvenes y no tan jóvenes) quieren parecer *hot*, y donde los *sexting rings* —con fotografías de adolescentes desnudas compartidas en amplios grupos— existen en la mayoría de colegios e institutos.

Esto no es algo exclusivo de Estados Unidos. Tanto en Europa como en España está presente la sexualización del cuerpo de la mujer, fácilmente constatable en muchos ámbitos y, de un modo particular, en las redes sociales (TikTok, Instagram, X/Twitter, YouTube, WhatsApp, etc.). Ahí el cuerpo de menores y adolescentes no es solo admirado y deseado, sino muchas veces también utilizado, acosado y extorsionado con el *sexting*, el *ciberbullying*, la *sextorsión*, el *grooming*, etc. En ocasiones, los abusos tienen su punto de partida en el *sexting*, y de ahí derivan los demás. De hecho, el *grooming* —o acoso sexual de un menor en las redes sociales— suele ser el resultado de un proceso que pasa por diversas fases:

En primer lugar, se produce un contacto y acercamiento del adulto al menor, normalmente a través de un perfil ficticio en una red social o un chat. Una vez establecida la relación, con mayor o menor presión según los casos, el adulto obtiene imágenes eróticas o sexuales explícitas del menor. Conseguidas estas, se procede a extorsionar al menor, amenazándole con difundir las imágenes obtenidas si este no accede a las pretensiones sexuales del adulto. La cuarta fase es la de abuso o agresión sexual, en la que el menor accede a las pretensiones sexuales del adulto para evitar la difusión de las imágenes que obran en su poder. En algún caso, el *grooming* puede derivar en encuentros y agresiones físicas.

Aunque el *grooming* sea menos frecuente que otros tipos de abusos sexuales de menores y adolescentes cometidos a través de las redes sociales, el riesgo sigue siendo real y próximo. Además, se estima que solo un bajo porcentaje de menores se atreve a denunciar esas situaciones de abuso. Ahí el menor se hace tan vulnerable que pasa de "transgresor" a "víctima" de un delito.

No pocas veces, estas redes logran captar la atención de niñas, adolescentes y jóvenes, y de ahí se dejan seducir —o enredar— con otras plataformas cuyo objetivo práctico es facilitar relaciones sexuales esporádicas con personas cuyos perfiles aparecen en ellas. *Tinder* es una de esas plataformas, y existen ya demasiadas experiencias de "relaciones amorosas" engañosas y frustrantes como para buscar en ellas algo que merezca la pena. Todo ello contribuye a presentar una visión reductiva de la mujer, reduciendo la belleza de su personalidad al atractivo meramente físico o corporal: un cuerpo apetecible que despierta la inclinación o el deseo sexual —generalmente del varón— y, por tanto, convertido en mercancía apta para el consumo y la explotación económica. Así lo expresa una estudiosa de la materia:

> "El cuerpo de las mujeres y la sobrecarga de sexualidad indica que el contexto en el que se produce

esta hipersexualización es un mercado libre y sin límites que ha entendido que los cuerpos de las mujeres son una mercancía de la que se extraen plusvalías necesarias para la reproducción social de los patriarcados y el capitalismo neoliberal" (Rosa Cobo Bedia, profesora de Sociología de Género, Univ. A Coruña).

En realidad, no es necesario buscar la causa en el patriarcado y el capitalismo neoliberal. Basta con dejarse llevar un poco por la moral sexual de la sociedad hipersexualizada en la que uno vive. Algunas corrientes feministas no parecen tener reparo en mostrar su físico al desnudo como una muestra de "libertad" sobre su cuerpo, quizá sin percatarse de que, queriendo "liberarse" de una moral que parece pretender imponer lo que la mujer debe hacer con su cuerpo, se presentan de un modo que dificulta ver y buscar en ellas algo más allá que cuerpo, curvas y genitalidad, provocando en el varón deseos de posesión, satisfacción y consumo, pero no de respeto, sincera admiración y donación desinteresada.

Pero volvamos a la vulnerabilidad de niñas y adolescentes. Es bien conocido que en muchos países resulta ya preocupante que niñas y adolescentes entre 11 y 13 años sean engañadas y obligadas a realizar actos sexuales ante sus propias cámaras web y teléfonos móviles. Según el último informe de la **Internet Watch Foundation (IWF, 2024)**, el 78 % de las imágenes y vídeos sexuales "autogenerados" detectados y denunciados correspondían a menores de entre 11 y 13 años. Solo en 2023, la IWF identificó y solicitó la retirada de más de 275.000 imágenes y grabaciones de este tipo, un aumento del 12 % respecto a 2022. Susie Hargreaves, directora ejecutiva de la IWF, advierte que el fenómeno crece a un ritmo "alarmante" y que, al menos en Reino Unido, debería considerarse una "crisis nacional".

Muchas de estas niñas y adolescentes fueron captadas tras moverse libremente por redes y páginas web inadecuadas a su edad, como inadecuado sería andar sin protección por un bosque selvático repleto de animales salvajes. Los delincuentes que captan a esas menores no son animales, pero sí salvajes, seres humanos completamente asilvestrados que han aprendido a hacer negocio aprovechando el clima hipersexualizado de una sociedad incapaz de proteger a los más vulnerables. Echan sus redes en aguas –tan bienolientes como podridas– del mar virtual y las sacan llenas de "peces" que no supieron o pudieron escapar: gentes inermes que quizá salieron a surfear por curiosidad y entretenimiento, pero que en esas aguas perdieron su dignidad, inocencia e infancia.

En ocasiones, incluso son los propios padres quienes permiten –o fomentan inadvertidamente– la sobreexposición de sus hijas en internet y redes sociales. Anna Plans Colomé, presidenta de la Asociación de Consumidores de Medios Audiovisuales de Cataluña (TAC), lo afirmaba en un artículo titulado "Niñas hipersexualizadas", publicado en *La Vanguardia*. En pocos días, el medio recibió más de 33.000 interacciones de lectores interesados, lo que llevó a la redacción de otro artículo, "Infancias robadas", denunciando las evidencias de erotización infantil en el mundo virtual, el peligro de "centrarse en el cuerpo para conseguir aceptación" y la incongruencia de permitir una sobreexposición sin control pese a los daños visibles: "cada día vemos en las consultas a más adolescentes con ansiedad y depresión".

Es cierto que la televisión ya empezó, hace décadas, a amenazar el desarrollo cognitivo y afectivo de menores y adolescentes, perdiéndose la infancia "a causa de su nueva concepción como público consumidor". Pero es innegable que la fuerza destructiva de internet y las redes sociales es mucho mayor.

Y aquí entra en escena la pornografía, el producto más difundido y rentable de internet, y una de las principales fuentes de adicción digital. Según un informe de **Ofcom (2025)**, el **69 % de los adolescentes británicos de entre 13 y 17 años** han consumido pornografía online, y un **20 % de los niños de 11 y 12 años** ya han accedido a este tipo de contenidos. El acceso no solo es precoz, sino que cada vez más incluye material violento o degradante, y –como advierte la Europol– parte de esa producción involucra a menores de edad explotados sexualmente, lo que revela la magnitud y la gravedad de la demanda.

Además de los menores y adolescentes, la vulnerabilidad también afecta a las mujeres, jóvenes y adultas, como consecuencia directa de una hipersexualización social que ha fomentado una visión reduccionista de la mujer, valorando más su corporalidad y atractivo físico que su dignidad y rasgos personales. El *Proyecto de Informe sobre la sexualización de las niñas* la define como "un enfoque instrumental de la persona –en particular, de la mujer– mediante la percepción de la misma como objeto de uso sexual al margen de su dignidad y sus aspectos personales, siendo su calidad personal valorada en función de su atractivo sexual".

Es evidente que la mujer de hoy se encuentra, en cierto sentido, en una situación de mayor vulnerabilidad que hace varias décadas. No hace falta abundar en datos para constatar un hecho bien conocido. Esta constatación no implica nostalgia ni el deseo de regresar al pasado, sino reconocer un problema real que necesita diagnóstico y solución. La moral sexual actual ha traído consigo luces y sombras. Entre las luces, cabe señalar la idea de que la sexualidad debe vivirse desde la libertad y no desde la imposición o la represión, así como el reconocimiento del consentimiento como elemento esencial en cualquier relación sexual dentro de una sociedad democrática. También es deseable que los individuos aprendan a madurar en el ejercicio libre de una sexualidad vivida desde el respeto a la dignidad y libertad ajenas.

Sin embargo, entre las sombras está el haber fomentado una visión individualista de la sexualidad, centrada en su dimensión lúdico-libidinosa o de mera satisfacción de la pulsión sexual, relegando a un segundo plano su dimensión relacional y el bien integral de la persona. Este bien integral es el que justifica poner al otro en el centro de la relación sexual y controlar –precisamente con ese objetivo– el propio impulso sexual. Conceder primacía a la dimensión personal y relacional de la moral sexual es clave para humanizar la sexualidad y dejar de sobredimensionar la satisfacción del deseo inmediato, que está en el origen de muchos abusos. Abusos en los que, a veces, ambas partes terminan actuando contra su verdadera voluntad: porque una no es capaz de contener sus impulsos o porque la otra teme que, dadas las circunstancias, decir "no" pueda ser peor que dejar que el otro satisfaga su instinto.

Tampoco resulta positivo que la sociedad y sus leyes permitan –o incluso promuevan– presentar a la mujer de un modo reduccionista, amparando esa visión bajo supuestos derechos como la libertad de expresión o la privacidad. Y conviene no olvidar que muchas veces las legislaciones nacionales están influidas por concepciones de la sexualidad procedentes de organismos internacionales que marcan la agenda en una misma dirección.

No es necesario recurrir a argumentos patriarcales o neoliberales para constatar que situar la satisfacción de la pulsión sexual en el centro de la sexualidad deja a la mujer en clara desventaja. Hay, de entrada, dos razones objetivas:

la mayor fuerza física del hombre y el carácter más primario e intenso de la pulsión sexual masculina.

Pero también hay que reconocer que el hombre enfrenta su propia vulnerabilidad: la dificultad para refrenar su instinto sexual en un entorno que lo sobreestimula constantemente. La pornografía online, fácilmente accesible y cada vez más violenta, es un factor clave en esta sobreestimulación. Según datos de **Common Sense Media (2023)**, el 73 % de los varones adolescentes estadounidenses ha consumido pornografía, y un 54 % afirma haber visto material con violencia sexual. Estudios recientes indican que este tipo de consumo influye en las actitudes hacia la mujer, fomentando la cosificación y reduciendo la capacidad de establecer relaciones sexuales basadas en el respeto y no solo en el instinto.

Esta influencia es tan profunda que muchos hombres ya no son capaces de mirar, dialogar y relacionarse con una mujer sin reducirla a su corporeidad o atractivo sexual, y sin que su imaginario erótico esté condicionado por imágenes violentas que predisponen al abuso, incluso contra su propia voluntad consciente. Algunas corrientes feministas han reconocido la conexión entre pornografía y violencia contra la mujer, aunque a menudo la interpretan dentro de la categoría global de "violencia machista", lo que no siempre refleja la complejidad del fenómeno.

A mi juicio, no tiene sentido atribuir de forma automática la mayoría de abusos y agresiones sexuales al machismo patriarcal. Muchos casos tienen su raíz en la incapacidad del hombre para controlar su pulsión sexual, algo que, aunque moralmente reprobable y penalmente sancionable, requiere un análisis más amplio. Moralmente, porque viola el principio del consentimiento; penalmente, porque el Derecho, al erigir la "libertad sexual" como bien jurídico protegido, castiga toda relación sexual sin consentimiento, ya sea por abuso de superioridad o mediante violencia o intimidación.

El camino para sanar las heridas que dejan las relaciones sexuales no consentidas no pasa por imponer siempre la misma etiqueta ni por reducir la complejidad del problema a una sola causa. Esa simplificación no ayuda a resolver ni a curar, sino que perpetúa el daño. A la dolorosa situación de la mujer que sufre la denigración de su dignidad hay que añadir la de muchos hombres que comprueban su incapacidad para tener relaciones menos instintivas y más respetuosas. Etiquetar de forma automática a quienes han cometido violencia sexual como "machos violentos" y, de paso, considerar al resto de hombres como potenciales agresores, no es el camino.

Es evidente que la crisis de la autodeterminación ha traído consigo una crisis del consentimiento. En demasiadas ocasiones afloran malentendidos, abusos y violencia. El hombre puede pensar erróneamente que la mujer quiere tener una relación sexual, quizá porque interpreta mal un gesto o está obsesionado con la idea de tener sexo. La mujer, por su parte, puede dudar, retractarse o aceptar solo hasta cierto punto. Y estas situaciones se dan a menudo en contextos festivos, bajo los efectos del alcohol o las drogas, tanto entre parejas estables como entre personas que acaban de conocerse.

Algunos defienden que, en una sociedad donde el consentimiento es el criterio fundamental, el hombre no debería iniciar una relación sexual hasta obtener un "sí" claro y expreso, sin dar por válido un consentimiento tácito. De ahí el lema: "Solo sí es sí. El silencio no significa sí. La ausencia de un no no significa sí. No estoy segura no significa sí".

En los últimos años, este planteamiento ha sido impulsado por campañas institucionales, incluido el eslogan feminista "sola y borracha quiero llegar a casa", avalado por el Gobierno, que reivindica el derecho de las mujeres a no ser agredidas sin importar su estado o vestimenta. Esta consigna surgió de un caso mediático en el que la calificación jurídica del delito (abuso sexual en vez de agresión sexual) desató un intenso debate sobre el consentimiento y la protección penal.

El problema es que, en ocasiones, este debate se ha ideologizado e instrumentalizado políticamente, prefiriendo recurrir a eslóganes antes que a un diálogo sosegado y plural entre ciudadanía, expertos y legisladores. Existe una corriente que actúa como si tuviera una "claridad iluminada" sobre el problema y lo reduce todo a la violencia machista, cerrando la puerta a diagnósticos más complejos y, por tanto, a soluciones más eficaces. Cuando esta visión es mayoritaria, se prohíbe la discrepancia; cuando es minoritaria, se invoca la libertad de expresión.

Afrontar esta cuestión solo desde la perspectiva de género o la rivalidad histórica entre hombres y mujeres es, en mi opinión, un error de partida. Cuanto más se insista en ese enfoque único, más se agravará el problema, por mucho que se endurezcan las penas. Las raíces del fenómeno son demasiado profundas para pensar que se resolverá cambiando unos artículos del Código Penal. La experiencia demuestra que las reformas basadas en visiones cerradas y no en el diálogo plural acaban mostrando pronto sus limitaciones.

# 7. La recepción del aborto en España en perspectiva comparada (1985–2025)

Antes de describir la recepción de las leyes despenalizadoras del aborto en España, veamos brevemente el contexto, no sólo en nuestro entorno –europeo y occidental–, sino en todo el mundo, para tener así tener un mínimo de perspectiva comparada.

## El contexto: las leyes del aborto en el siglo XX

La despenalización del aborto ha sido uno de los grandes fenómenos jurídicos y sociales del siglo XX. Comenzó en 1920 en Rusia y se extendió por Occidente a partir de los años sesenta y setenta, cuando Estados Unidos empezó a ejercer una fuerte influencia en Europa y otros países.

Como se ha visto, las razones que explican este proceso son variadas. En Occidente, el nuevo paradigma de la libertad sexual fue decisivo. En cambio, en la Rusia soviética y en otros países de su órbita durante la primera mitad del siglo XX, pesaron más los factores políticos y sociales.

En Túnez, por ejemplo, el aborto se despenalizó a mediados de los años sesenta. La élite política del país, marcada por la ideología neomalthusiana de la posguerra, veía urgente reducir la elevada tasa de fertilidad. Durante décadas, las instituciones tunecinas promovieron la planificación familiar y el aborto como formas de disminuir la población y, a la vez, mejorar la educación y las condiciones socioeconómicas, con el objetivo de construir una sociedad moderna. No fue, como en Europa o Norteamérica, el resultado de un movimiento feminista, sino de una decisión política tomada desde arriba.

En el caso de Occidente, la despenalización del aborto y su conversión en un supuesto "derecho constitucional" estuvieron claramente marcadas por Estados Unidos. El cambio cultural en torno a la sexualidad y el aborto no surgió en un país concreto, pero fue EE. UU. quien dio la pauta que otros siguieron.

Aunque el Reino Unido (1967) y Canadá (1969) fueron pioneros, junto con casos aislados como Islandia (1935), Dinamarca (1939) o Noruega (1950), el gran impulso llegó con la sentencia *Roe vs. Wade* del Tribunal Supremo estadounidense (1973), que legalizó el aborto en todo el país y prohibió a los Estados restringirlo. Ese mismo año, Dinamarca y Túnez aprobaron reformas en la misma dirección. A partir de entonces, entre 1974 y 2023, casi cincuenta países siguieron el mismo camino, hasta el punto de que hacia 2022 cerca del 60 % de la población mundial vivía bajo legislaciones que permiten el aborto a petición o por motivos socioeconómicos.

La cronología de la primera despenalización en cada país es la siguiente:

> 1920 (Rusia Soviética), 1935 (Islandia), 1938 (Suecia), 1939 (Dinamarca), 1942 (México, solo en la capital y por causas médicas), 1948 (Japón), 1950 (China, Noruega, Armenia, Azerbaiyán, Bielorrusia, Estonia, Georgia, Kazajistán, Kirguistán, Letonia, Lituania, Moldavia, Rusia, Tayikistán, Turkmenistán, Ucrania), 1956 (Hungría, Polonia), 1957 (Bulgaria, Checoslovaquia,

Rumanía), 1964 (Túnez), 1965 (Cuba), 1967 (Reino Unido), 1969 (Canadá), 1973 (Estados Unidos), 1974 (Singapur), 1975 (Austria, Francia, Vietnam), 1977 (Bosnia y Herzegovina, Croacia, Montenegro, Macedonia del Norte, Serbia, Eslovenia), 1978 (Italia, Luxemburgo), 1983 (Turquía), 1984 (Países Bajos), 1985 (España), 1986 (Cabo Verde, Grecia), 1988 (Canadá), 1989 (Mongolia), 1990 (Bélgica), 1995 (Guyana), 1996 (Albania), 1997 (Camboya, Sudáfrica), 2002 (Nepal, Suiza), 2007 (Portugal), 2012 (Santo Tomé y Príncipe, Uruguay), 2014 (Mozambique), 2018 (Chipre, Irlanda), 2020 (Nueva Zelanda), 2021 (Argentina, Corea del Sur, Tailandia), 2022 (Colombia, San Marino), 2023 (Finlandia).

Este listado recoge solo los años de la primera despenalización en cada país. En algunos países hubo después reformas mucho más amplias: España, por ejemplo, en 1985, 2010, 2015 y 2023. En otros, como Dinamarca (1939 y 1973), Suecia (1938 y 1975) o Túnez (1964 y 1973), la segunda reforma amplió considerablemente lo permitido, casi siempre bajo la estela de *Roe vs. Wade*.

Hoy, las regulaciones siguen siendo muy dispares. Algunos países permiten el aborto a petición dentro de plazos muy concretos (generalmente hasta las 12 semanas), otros lo amplían hasta las 24 semanas en casos como violación, incesto o causas socioeconómicas, y otros lo permiten más allá cuando está en juego la vida o la salud de la mujer o en casos de malformación grave del feto.

## De la influencia rusa (1920-1965) a la norteamericana (1973-2023)

La despenalización del aborto en el siglo XX marcó un giro histórico tras más de quince siglos de persecución penal. Empezó en Rusia, el 18 de noviembre de 1920, tres años después de la Revolución de 1917, cuando el Comisariado del Pueblo para la Salud y la Justicia aprobó un decreto sobre la terminación artificial del embarazo. La ley no fijaba límites temporales, exigía que se practicara en hospitales, por médicos y sin fines lucrativos. El preámbulo justificativo del decreto contiene un argumento que entonces –y aún hoy– sigue utilizándose en Occidente:

> "La legislación de todos los países combate este mal mediante el castigo a las mujeres que deciden abortar y a los médicos que llevan a cabo la operación. Sin haber obtenido resultados favorables, este método de combatir el aborto condujo estas operaciones a la clandestinidad y convirtió a la mujer en una víctima de mercenarios, a menudo ignorantes, que hacen de las operaciones secretas su profesión".

La Rusia soviética fue, así, el primer país en autorizar el aborto voluntario y gratuito, aunque en 1936 Stalin volvió a penalizarlo. En 1955 se legalizó de nuevo, y la medida se extendió al conjunto del bloque soviético: Armenia, Azerbaiyán, Bielorrusia, Estonia, Georgia, Kazajistán, Kirguistán, Letonia, Lituania, Moldavia, Rusia, Tayikistán, Turkmenistán y Ucrania. También lo hicieron China (1950), Hungría y Polonia (1956), Bulgaria y Checoslovaquia (1957). En América, Cuba (1965) fue el primer país en despenalizar plenamente el aborto dentro del primer trimestre.

Esa fue la primera gran ola (1920-1965): la oleada comunista, que afectó a países bajo el dominio o la órbita soviética.

La segunda oleada se produjo en un escenario completamente distinto: el de Estados Unidos, paradigma del mundo liberal. En 1973, el Tribunal Supremo dictó la célebre sentencia *Roe v. Wade*, que reconoció por primera vez el aborto como un derecho constitucional, fundamentado en el derecho de la mujer a la privacidad frente al Estado. Su alcance jurídico era propio del sistema norteamericano, pero su eco fue mundial. Desde entonces, para legisladores y movimientos sociales, el ejemplo estadounidense funcionó como referencia simbólica: si la primera potencia reconocía el aborto como derecho, difícilmente podía seguir tratándose solo como delito.

Ese mismo año, Dinamarca aprobó la primera ley europea que permitía el aborto a petición hasta la semana 12. En 1974, Suecia avanzó aún más con un plazo de hasta 18 semanas.

En paralelo, fuera de Europa, Túnez dio un paso histórico en 1973, convirtiéndose en el primer país árabe en legalizar el aborto a petición hasta las 12 semanas, dentro del proyecto modernizador de Habib Bourguiba. El paralelismo con *Roe v. Wade* ilustra bien la fuerza expansiva de aquel precedente norteamericano.

En 1975, la Ley Veil en Francia supuso un punto de inflexión: la ministra de Sanidad, Simone Veil, defendió la reforma apelando a la dignidad de la mujer y al realismo frente al drama de los abortos clandestinos. La sentencia *Roe v. Wade* era citada como ejemplo de que el aborto podía ser considerado cuestión de derechos fundamentales. Ese mismo año, Austria y Finlandia aprobaron también leyes que ampliaban notablemente el acceso.

En Italia, una sentencia del Tribunal Constitucional de 1975 abrió el camino a la ley de plazos de 1978, en la que se reconoció el aborto como parte de los derechos de la mujer. En 1977, Yugoslavia aprobó una de las legislaciones más permisivas del momento, aplicable en todos sus territorios constituyentes.

El quinquenio 1973-1978 muestra hasta qué punto *Roe v. Wade* fue un auténtico catalizador internacional: aunque Europa y Túnez no reprodujeron el argumento jurídico de la "privacidad", sí asumieron la idea de fondo de que el aborto podía dejar de ser delito y pasar a ser una opción legítima.

Medio siglo más tarde, la historia dio un giro radical. El 24 de junio de 2022, el mismo Tribunal Supremo dictó la sentencia *Dobbs v. Jackson Women's Health Organization*, que declaró que la Constitución no reconoce un derecho al aborto y devolvió la competencia legislativa a los Estados. Como señaló el juez Samuel Alito en la sentencia:

> "La Constitución no hace ninguna referencia al aborto, y ningún derecho de este tipo está protegido implícitamente por ninguna disposición constitucional. Es hora de hacer caso a la norma fundamental y devolver el tema a los representantes elegidos por el pueblo".

La sentencia *Dobbs* fue, en mi opinión, un mazazo contra la construcción cultural de un presunto derecho al aborto. Desde *Roe*, el aborto había pasado de ser un mal tolerado a convertirse en derecho blindado. *Dobbs* rompió ese blindaje y abrió un nuevo escenario.

En mi lectura, esta sentencia tuvo tres aspectos positivos. Primero, representó un triunfo de la Democracia, el Estado de Derecho y la separación de poderes, frente a un activismo judicial que había permitido que nueve jueces ejercieran como legisladores. Los jueces están para interpretar y aplicar el Derecho, no para crearlo. Segundo, supuso un ejercicio de autocrítica institucional. Que el Tribunal Supremo rectificara medio siglo después demuestra que la infalibilidad no existe en instituciones humanas. Reconocer errores, como ya decían los clásicos, es condición del verdadero progreso. Y tercero, aunque *Dobbs* no impide a los Estados aprobar leyes despenalizadoras, abre un nuevo periodo de reflexión y debate en Occidente sobre cómo proteger toda vida humana, incluida la más frágil y vulnerable, sin por ello discriminar ni criminalizar a la mujer.

El recorrido de Estados Unidos –de *Roe* a *Dobbs*– refleja hasta qué punto ese país ha marcado el rumbo cultural y jurídico de Occidente. Su influencia, directa y también indirecta (a través de organismos como la ONU y sus conferencias de El Cairo en 1994 o Beijing en 1995), ha contribuido decisivamente a la difusión del "derecho al aborto". Y, con la sentencia *Dobbs*, vuelve a poner sobre la mesa un debate crucial: el del valor de la vida humana y los límites de la autonomía personal en la sociedad contemporánea.

## El aborto en España: reformas clave (1985, 2010, 2023)

En apenas cuatro décadas, el tratamiento jurídico del aborto en España ha dado un vuelco: de ser una conducta perseguida penalmente ha pasado a presentarse como un "derecho constitucional" (EE. UU., 1973–2022; España, desde 2023; Francia, 2024). Este apartado se detiene en esa transición tomando como hilo conductor el caso español, donde una misma conducta –según el momento de la gestación– puede tipificarse como delito (más allá de ciertos plazos) o ejercerse como "derecho constitucional" dentro de ellos (antes de 14 semanas, o hasta 22 en supuestos concretos). De ahí la fórmula del ex magistrado del Tribunal Constitucional Andrés Ollero (2023): un "derecho fundamental con hoja caduca".

El propósito no es glosar al detalle cada reforma penal, sino iluminar las ideas que las sostienen, tal y como se declaran en los propios preámbulos legislativos. Entre 1984 y hoy se han aprobado tres grandes reformas (1985, 2010 y 2023). Las leemos a la luz de las exposiciones de motivos de 2010 y 2023; la de 1985 fue tan concisa que careció de preámbulo y se limitó a reescribir el art. 417 bis del entonces Código Penal.

## La reforma de 1985

La Ley Orgánica 9/1985, de 5 de julio, no incluyó preámbulo y constó de un único artículo: la nueva redacción del art. 417 bis. Con ella se despenalizó –por primera vez tras una larguísima tradición punitiva– la interrupción voluntaria del embarazo en tres supuestos tasados: violación, malformación fetal y riesgo para la salud física o psíquica de la gestante. Es decir, el modelo de **indicaciones**: el aborto seguía siendo delito, salvo que concurriera alguna de esas causas. Hasta entonces –desde el siglo IV y durante el ciclo de codificación– el legislador había ido atenuando penas, sobre todo cuando el aborto se practicaba con consentimiento de la mujer, pero sin llegar a una despenalización por causas.

Aquella reforma se dictó teniendo muy presente la STC 53/1985, de 11 de abril, que resolvía el recurso previo de inconstitucionalidad (recurso n.º 800/1983, promovido por José María Ruiz-Gallardón a instancia de 54 diputados) contra el proyecto socialista de reforma del 417 bis.

En esa sentencia, el Tribunal Constitucional afirmó que el derecho a la vida es "un valor superior del orden constitucional" y un derecho fundamental esencial, en tanto presupuesto ontológico de todos los demás (STC 53/1985, FJ 3). A la vez precisó que, aunque el *nasciturus* no es titular de ese derecho, su vida es un "bien jurídico protegido constitucionalmente" (art. 15 de la Constitución. De ello derivó dos deberes generales del Estado: i) no interrumpir ni obstaculizar el curso natural de la gestación; y ii) organizar un sistema de protección efectiva de esa vida, que incluya el Derecho penal como última garantía. Ahora bien, esa protección no es absoluta: puede y debe modularse en determinadas situaciones, ponderando los bienes y derechos constitucionales en juego (STC 53/1985, FJ 7).

El Tribunal, además, enlazó la dignidad de la persona (valor jurídico fundamental) con los derechos a la vida (art. 15), al libre desarrollo de la personalidad (art. 10), a la integridad física y moral (art. 15), a la libertad ideológica y religiosa (art. 16) y al honor, intimidad y propia imagen (art. 18.1). Esa lectura –de clara resonancia kantiana– define la dignidad como "valor espiritual y moral inherente a la persona" que se manifiesta de modo singular en la autodeterminación consciente y responsable de la propia vida y que exige respeto de los demás. Y subrayó su especificidad en la mujer en el ámbito de la maternidad: el Estado debe respetar y hacer efectivos esos derechos en la medida en que sean compatibles con otros bienes y derechos constitucionales (STC 53/1985, FJ 8).

Con todo ello, el TC encargó al legislador regular los conflictos entre el bien constitucionalmente protegido (la vida prenatal) y los derechos de la mujer (su vida o su dignidad). No han de resolverse desde una sola óptica –ni solo derechos de la mujer ni solo protección del *nasciturus*–, sino mediante ponderación caso por caso, tratando de armonizarlos y, si no fuera posible, precisando condiciones y requisitos para la prevalencia de uno u otro (STC 53/1985,

FJ 9). En esa lógica, admitió que, atendiendo a la exigibilidad razonable de otras conductas y a la proporcionalidad de la pena, el legislador pueda renunciar a la sanción penal cuando imponerla supondría una carga insoportable; eso sí, manteniendo el deber estatal de proteger el bien jurídico por otras vías no penales.

En síntesis, esta STC fijó los criterios de tutela jurídica de la vida prenatal que el propio Tribunal consolidará después en resoluciones posteriores.

## La reforma de 2010

La reforma de 2010 marcó un giro de fondo hacia una despenalización más amplia: se abandonó el sistema de "indicaciones" (vigente desde 1985) y se pasó a un sistema de "plazos". En la práctica, dentro de esos plazos –sobre todo el primer tramo, hasta la semana 14– la mujer podía interrumpir el embarazo sin necesidad de alegar (como ocurría de forma casi rutinaria) un riesgo para su salud mental. Es decir, se le reconocía un tiempo acotado para decidir libremente.

¿Qué ocurrió en el cuarto de siglo 1985-2010? El factor quizá más decisivo fue la introducción, desde mediados de los noventa, de la categoría "salud sexual y reproductiva entendida como derechos", impulsada por Naciones Unidas y difundida globalmente –con especial eco en los países occidentales–. Así lo reconoce el apartado 2 del preámbulo de la Ley Orgánica 1/2023, de 28 de febrero (que modifica la LO 2/2010):

"La Conferencia Internacional sobre la Población y el Desarrollo celebrada en El Cairo en 1994 y la

*Comprender el aborto en el siglo XXI*
Aniceto Masferrer

Cuarta Conferencia Mundial sobre la Mujer celebrada en Beijing en 1995 desarrollaron el concepto de salud sexual y reproductiva en términos de derechos. Desde entonces, y gracias a la labor de los convenios y de los comités de las Naciones Unidas que los interpretan y supervisan su cumplimiento, se ha adoptado un nivel de protección de los derechos sexuales y reproductivos que inspira la presente ley orgánica".

Tal y como subraya ese preámbulo, presentar la "salud sexual y reproductiva" en clave de derechos fue decisivo, y se enlazó con la idea de autodeterminación individual: desde una perspectiva feminista e igualitaria, se reclamó que las mujeres pudieran desvincularse de la vida en gestación si así lo decidían, del mismo modo que los hombres llevan décadas viviendo su sexualidad con el único límite del consentimiento.

De hecho, el preámbulo de la Ley de 2010 arranca fijando ese marco. Si "el desarrollo de la sexualidad y la capacidad de procrear están directamente vinculados a la dignidad de la persona y al libre desarrollo de la personalidad", y "la decisión de tener hijos y cuándo tenerlos constituye uno de los asuntos más íntimos y personales", integrando "una esfera esencial de la autodeterminación individual", entonces las autoridades públicas no solo no deberían interferir en esa esfera, sino garantizar su ejercicio efectivo. Desde una lógica individualista e igualitaria, si a los hombres ya se les reconocía la posibilidad de "decidir libre y responsablemente sobre su sexualidad", había llegado –según esta visión– el momento de que las mujeres dispusieran de la misma capacidad y, por tanto, de poder interrumpir libremente un embarazo no deseado. Solo así –se argumenta– se corregía la desigualdad histórica y se devolvía a las mujeres el control sobre su sexualidad, facilitándoles una salida ante un embarazo no querido.

Ahora bien, el preámbulo deja claro que el objetivo no es "aumentar" los embarazos no deseados, sino prevenirlos "igual que los abortos". Por eso proclama que "una educación sexual y reproductiva adecuada, el acceso universal a prácticas clínicas eficaces de planificación reproductiva, mediante la incorporación de la última generación de anticonceptivos (...) es la forma más eficaz de prevenir, especialmente entre los jóvenes, las infecciones de transmisión sexual, los embarazos no deseados y los abortos". Con todo, este propósito preventivo convive con otro, que empuja en dirección distinta:

> "Se establece asimismo una nueva regulación de la interrupción voluntaria del embarazo fuera del Código Penal que, siguiendo el modelo más extendido en los países de nuestro entorno político y cultural, pretende garantizar y proteger adecuadamente los derechos e intereses de las mujeres y de la vida prenatal".

¿En qué consistía esa nueva regulación? En sustituir el criterio de "indicaciones" por el de "plazos": dentro de ciertos límites temporales, la decisión recae en la mujer. La Sección II del preámbulo –la más extensa y sustantiva– explica la transición apoyándose en una premisa: "el primer deber del legislador es adaptar la ley a los valores de la sociedad cuyas relaciones debe regular, garantizando siempre que la innovación normativa genere certeza y seguridad (...). Este es el espíritu que inspira la nueva regulación de la interrupción voluntaria del embarazo".

Ese espíritu es también su objetivo central: fijar un plazo que otorgue a las mujeres plena libertad decisoria y a los profesionales sanitarios seguridad jurídica. Para justificar el cambio, el preámbulo recuerda los avances de 1985: ante los abortos clandestinos que ponían en riesgo la vida y la salud de las mujeres y ante una "conciencia social mayoritaria" que reconocía los derechos de la mujer en relación con la maternidad, se despenalizaron supuestos tasados (peligro grave para la vida o salud –física o psíquica– de la embarazada, violación, o presunción de graves daños físicos o psíquicos del feto). Con el tiempo, sin embargo, aquella regulación generó "incertidumbres" e "inseguridad jurídica".

Más allá de esos términos genéricos, el texto deja entrever tres motores de la reforma (que aquí se resaltan conceptualmente): (1) expansión del ejercicio de ciertos derechos dentro del marco constitucional, (2) ampliación del alcance de la autonomía de la mujer, y (3) una regulación más clara que, a la vez, pretenda garantizar esa autonomía y "la vida prenatal". En la práctica, los tres vectores confluyen en la agenda feminista: más derechos y más autonomía para quien desea abortar. La referencia a la protección del no nacido es comparativamente menor –y, de hecho, inexistente durante las primeras catorce semanas, cuando la vida del *nasciturus* depende por completo de la voluntad de la gestante–. El propio preámbulo asume esa prioridad citando la Resolución 1607/2008, de 16 de abril, de la Asamblea Parlamentaria del Consejo de Europa:

> "(…) reafirmó el derecho de todo ser humano, y en particular de las mujeres, al respeto de su integridad física y a la libre disposición de su cuerpo y, en este contexto, que la decisión final de abortar o no debe corresponder a la mujer interesada, por lo que invitó a los Estados miembros a despenalizar el aborto dentro de límites razonables de gestación".

La Ley sigue esa invitación europea, pero –subraya el preámbulo– "tomando como punto de partida" la doctrina del Tribunal Constitucional. De esa jurisprudencia extrae dos ideas: la protección del no nacido –o "vida prenatal", en el lenguaje de la ley– debe estar "mediada por la garantía de los derechos fundamentales de la mujer embarazada", y esa vida en gestación experimenta "cambios cualitativos (...) durante el embarazo". Concluye así que lo adecuado es un modelo de plazos, no de indicaciones, "estableciendo una concordancia práctica de derechos y bienes concurrentes a través de un modelo de protección gradual a lo largo del embarazo".

Bajo esa premisa, reconocer un periodo inicial en el que la mujer decide –"el derecho a la maternidad libremente decidida"– sería la forma de asegurar que esa decisión "consciente y responsable" sea respetada. La Ley añade otro argumento práctico: "la intervención determinante de un tercero en la formación de la voluntad de la mujer embarazada no ofrece una mayor garantía para el feto" (y además "limita innecesariamente la personalidad de la mujer"). En suma: si es muy difícil impedir un aborto cuando la mujer lo desea, más coherente sería reconocer su decisión dentro de un plazo.

Concretando: hasta la semana 14, la gestante puede interrumpir libremente el embarazo. Entre la semana 15 y la 22 –fase en la que, recuerda el preámbulo citando la STC 53/1985, "el niño no nacido ya es susceptible de vida independiente de la madre"– rige un sistema de indicaciones en dos supuestos: "riesgo grave para la vida o la salud de la mujer embarazada" o "riesgo de anomalías graves en el feto". Superada la semana 22, "lo procedente será proceder al parto inducido, armonizando así plenamente el derecho de la mujer a la vida y a la integridad física con el interés en la protección de la vida intrauterina".

¿Por qué reaparece aquí el sistema causal (indicaciones), que protege más al no nacido? Porque, al considerar que "el niño no nacido ya es capaz de vivir independientemente de la madre", se eleva su nivel de tutela: su vida deja de estar condicionada por la sola decisión de la gestante. Es la consecuencia lógica del supuesto de los "cambios cuali-

*Comprender el aborto en el siglo XXI*
Aniceto Masferrer

tativos" durante la gestación: la "viabilidad" –esa capacidad de vida independiente– funciona como umbral. En términos de la filosofía subyacente, se vincula mayor protección a mayor autonomía: cuanto más autónomo es un individuo, mayor sería su "dignidad" y protección; cuanto mayor su dependencia, menor la tutela, sobre todo si colisiona con el desarrollo de la personalidad de una persona ya autónoma.

Por eso, más allá de la semana 22, la ley solo contempla dos supuestos excepcionales de interrupción:

— "Anomalías fetales incompatibles con la vida", que dejan sin base la premisa que proyecta el artículo 15 de la Constitución sobre la vida prenatal (STC 212/1996).

— "Enfermedad extremadamente grave e incurable, confirmada por un comité clínico".

A partir de ese umbral, siendo el no nacido "susceptible de vida independiente", la interrupción solo cabe cuando está en juego la propia viabilidad fetal (incompatibilidad con la vida o enfermedad extremadamente grave e incurable). En este tramo, la Ley ya no subordina la vida del no nacido a la intimidad, la autonomía o el libre desarrollo de otra persona.

En definitiva, el espíritu de la reforma de 2010 descansa en una idea fuerte: mientras la vida prenatal no sea viable fuera del cuerpo de la mujer, su decisión prevalece sobre la vida frágil y dependiente del *nasciturus*. En el trasfondo late una intuición –más emocional que científica– según la cual esa vida tan vulnerable no deviene plenamente "humana" hasta alcanzar un mínimo de autonomía. De ahí la centralidad del momento en que el feto "es capaz de vida independiente de la madre": esa independencia, según el espíritu de la ley, es lo que lo "consagra" como humano y explica por qué el preámbulo evita llamar "humano" al no nacido antes de ese punto, mientras a partir de entonces no vacila en referirse a la gestante como "madre".

Omitimos aquí la reforma de 2015 (LO 11/2015) porque fue, sobre todo, un gesto político del Gobierno de Mariano Rajoy y del PP tras la retirada del Proyecto Gallardón –una reforma integral prometida en campaña– para evitar una fuga de su electorado más provida sin reabrir el debate de fondo. Se limitó a restaurar el consentimiento paterno para las chicas de 16 y 17 años, dejando intacta la ley de plazos de 2010 y el resto de su arquitectura. En la práctica, funcionó como movimiento de contención electoral y de cohesión interna del partido, más que como una política material sobre el aborto.

## La reforma de 2023

Trece años después de la ley de 2010, llegó una nueva reforma. ¿Hacia dónde apunta –y qué la distingue– la modificación hoy vigente? En síntesis: consolida un enfoque más explícitamente feminista del aborto. Esa corriente hunde sus hitos en la Conferencia Internacional sobre la Población y el Desarrollo de El Cairo (1994) y en la Cuarta Conferencia Mundial sobre la Mujer de Pekín (1995), donde se formuló un concepto clave en términos de derechos: la salud sexual y reproductiva. El propio preámbulo de la ley lo recuerda al señalar que aquellas conferencias "desarrollaron el concepto de salud sexual y reproductiva en términos de derechos", y añade:

> "Desde entonces, y gracias a la labor de las convenciones y de los comités de las Naciones Unidas que

las interpretan y supervisan, se ha adoptado un están-
dar de protección de los derechos sexuales y reproductivos que inspira esta ley orgánica".

A diferencia del preámbulo de 2010 –más sobrio, apo-
yado sobre todo en la Resolución 1607/2008 del Consejo
de Europa e hilvanado como continuidad de la doctrina
constitucional española–, el tono de 2023 es más directo:
reconoce sin ambages que su contenido bebe del "derecho
a la salud sexual y reproductiva" como "parte del derecho de
todas las personas al más alto nivel posible de salud física
y mental", y despliega el elenco de instituciones y organismos internacionales que han empujado ese marco mediante resoluciones y convenios. En ese marco, el embarazo se
sitúa dentro de la esfera de decisión de quienes mantienen
relaciones sexuales: no solo decidir tenerlas o no, sino interrumpir o no el embarazo, si se produce. El niño por nacer
no aparece considerado en ese relato del preámbulo.

Conviene subrayar que la ley de 2010 ya había introducido –aunque con un perfil más discreto– la noción de
"salud sexual y reproductiva" y su origen (Pekín, 1995). De
hecho, el apdo. II del preámbulo de 2023 reconoce que
aquella reforma supuso "un verdadero avance en el tratamiento integral de la protección y garantía de los derechos
relacionados con la salud sexual y reproductiva y ha cam-
biado el enfoque de la interrupción voluntaria del embarazo, pasando de una ley de supuestos a una ley de plazos".

¿Por qué "revisar y adaptar" la norma doce años después?
El propio texto enumera los motivos: la gran mayoría de in-
terrupciones voluntarias del embarazo que se realizan en
centros privados extrahospitalarios; diferencias territoriales
en el ejercicio de este derecho; regresiones en el acceso; el
retroceso para menores de 16 y 17 años y mujeres con dis-
capacidad a la hora de decidir sobre su propio cuerpo; una

regulación deficiente de la objeción de conciencia que obstaculiza el acceso a servicios de salud sexual y reproductiva; desigualdades en el acceso a anticonceptivos; y la necesidad de tipificar violencias como "aborto forzado" y "esterilización forzada, incluida la anticoncepción forzada".

Llama la atención el peso que el legislador otorga al Informe del Comité de Derechos Económicos, Sociales y Culturales (2018) y al Informe del Grupo de Trabajo del Consejo de Derechos Humanos sobre discriminación contra la mujer (2015) –ambos sobre España–, tratados en la práctica como si sus recomendaciones fueran obligatorias.

A partir de ese diagnóstico, la sección III del preámbulo perfila el objetivo central de la reforma:

> "A la luz de los obstáculos y las necesidades normativas identificados, esta ley orgánica introduce las modificaciones necesarias para garantizar el ejercicio efectivo de los derechos sexuales y reproductivos de las mujeres".

Entre las medidas de cuño feminista destacan dos:

1.  Suprimir el periodo de reflexión de tres días exigido por la norma de 2010;
2.  Permitir que las adolescentes de 16 y 17 años puedan interrumpir el embarazo sin el consentimiento de progenitores o representantes legales.

Se presentan como avances en el empoderamiento: no se puede imponer información si la mujer no la solicita, no se exige tiempo de reflexión previo y no se permite la injerencia paterna en la libre disposición del cuerpo de sus hijas.

¿Por qué lo que en 2010 se consideró "garantía" (información y reflexión) en 2023 pasa a verse como "injerencia"? La explicación está en el marco: la reforma actual sitúa el "derecho a la salud sexual y reproductiva" en el centro de la interrupción voluntaria del embarazo. Desde ahí, la autonomía, la intimidad y el libre desarrollo de la personalidad desplazan por completo la consideración del nasciturus –al que el preámbulo no alude–.

Con todo, la supresión del periodo de reflexión y el modelo de información "solo si se pide" no encajan bien ni siquiera con los estándares de la Resolución del Parlamento Europeo de 24 de junio de 2021 –citada como fuente–. El preámbulo valora uno de sus considerandos ("todas las personas tienen derecho a tomar decisiones sobre su cuerpo sin discriminación"), pero pasa por alto varios mandatos del texto: "salvaguardar… decisiones informadas" (n.º 1 y 3), "consentimiento previo, personal e informado" (n.º 16) y el deber de los sistemas sanitarios de garantizar elección y consentimiento informados en la atención prenatal, parto y posnatal (n.º 46). Proveer información solo si se solicita difícilmente satisface la idea de "decisión plenamente informada".

Dicho esto, conviene no sobredimensionar la distancia entre 2010 y 2023. El salto radical fue 2010: el paso del sistema de indicaciones al de plazos. La reforma de 2023 no altera esos plazos. Y fue también la ley de 2010 la que colocó la "salud sexual y reproductiva" en el centro del relato sobre el aborto, entendida –como decía su preámbulo– como "una vida sexual segura, la libertad de tener hijos y de decidir cuándo tenerlos"; un marco que habilita a las mujeres a interrumpir un embarazo en las primeras catorce semanas, si así lo desean.

# 8. ¿Existe realmente un derecho (constitucional) al aborto?

Las reformas españolas del aborto no han creado por sí mismas ningún "derecho al aborto" de rango constitucional. La despenalización y la posterior idea de un supuesto "derecho constitucional al aborto" en Europa han estado muy influenciadas por la doctrina del Tribunal Supremo de Estados Unidos (sobre todo, por *Roe v. Wade*); sin embargo, hasta 2023, las jurisdicciones europeas optaron por despenalizar y regular el aborto, sin constitucionalizarlo como derecho. De ahí que Francia y Alemania, aunque despenalizaron en 1975, no consagraran ningún derecho constitucional al aborto.

Entre 1973 y 2022, Estados Unidos fue el único país que sostuvo la existencia de un derecho constitucional al aborto (*Roe v. Wade*). La misma Corte Suprema que lo proclamó en 1973 lo revocó medio siglo después en *Dobbs v. Jackson Women's Health Organization* (2022): declaró que la Constitución no confiere tal derecho y anuló *Roe* y *Planned Parenthood v. Casey*. La sentencia sostuvo que el aborto no está profundamente arraigado en la historia y tradición de la nación ni implícito en el concepto de libertad ordenada; descartó además que forme parte de un derecho más amplio a la intimidad basado en las Enmiendas Primera, Cuarta, Quinta, Novena y Decimocuarta. Como la Constitución no menciona el aborto, y cuando se pide reconocer un nuevo componente del interés de "libertad" hay que acudir a la indagación histórica, la Corte devolvió la competencia regulatoria al pueblo y a sus representantes.

Tras ese giro en 2022, dos países fueron más allá: España, en 2023, con una sentencia del Tribunal Constitucional que declara un "derecho constitucional" al aborto de perfil análogo a *Roe*; y Francia, el 4 de marzo de 2024, al reformar su Constitución para añadir que "la ley determina las condiciones en las que se ejerce la libertad garantizada para la mujer de recurrir a la interrupción voluntaria del embarazo".

Antes de entrar en los casos español y francés, analicemos una de las grandes obras doctrinales norteamericanas cuyo propósito consistió precisamente en ofrecer una justificación moral a la opción *pro-choice*, tratando de argumentar que ambas opciones eran perfectamente compatibles con el principio fundamental de respeto a la "santidad de la vida", objetivo clave que permitiera luego legitimar un supuesto derecho al aborto.

## "La santidad de la vida" (Ronald Dworkin): entre el dominio y el cuidado

En *Life's Dominion: An Argument About Abortion, Euthanasia, and Individual Freedom* (1993), Ronald Dworkin abordó de lleno la cuestión del aborto en un momento en que las sociedades occidentales estaban profundamente divididas sobre el tema. Su estrategia fue audaz: en lugar de aceptar que se trataba de un enfrentamiento irreconciliable entre quienes defendían la vida y quienes defendían la libertad de elección, propuso que ambos bandos compartían, en el fondo, una misma convicción moral: la santidad de la vida humana. Según Dworkin, tanto los defensores del aborto como sus detractores creen que la vida humana tiene un valor intrínseco, especial y digno de respeto. La diferencia no estaría en la aceptación o no de ese valor, sino en el modo de interpretarlo: si para los pro-vida, la santidad consistía en la obligación objetiva de preservar toda vida humana desde la concepción hasta la muerte natural, para los pro-life, honrar la vida significa reconocer que cada persona puede decidir cómo dar sentido a ese valor, incluso interrumpiendo un embarazo si así lo estima conveniente.

Este razonamiento tenía una consecuencia política inmediata: si ambas posturas se asientan en un mismo fundamento moral, entonces el aborto no sería la negación de la santidad de la vida, sino simplemente una diferente interpretación de cómo respetarla. De ahí que, en una sociedad plural, el Estado no debía de imponer una visión única, sino garantizar la posibilidad de que cada mujer decidiera conforme a su conciencia. En resumen, Dworkin trató de dar una justificación moral a la legalización del aborto. No bastaba con enmarcarlo como una simple cuestión de libertad individual frente a la coacción del Estado; había que mostrar que existía un terreno ético común que hacía del aborto una opción perfectamente legítima, incluso susceptible de configurarse como un derecho. Ese terreno común lo formuló bajo la noción de la "santidad de la vida".

El problema surge cuando se examina de cerca esta noción de Dworkin. Porque, al convertir la santidad de la vida en un principio compatible con decisiones unilaterales que pueden poner fin a una vida humana en gestación, lo que en realidad hace es vaciar de contenido objetivo esa santidad. A mi juicio, dos son sus contradicciones básicas:

- Si la santidad de la vida es un principio objetivo, entonces no puede quedar subordinada a la voluntad de otros. La vida no debería ser disponible, ni siquiera temporalmente, porque su valor intrínseco exige un respeto incondicional.

- Si, por el contrario, la santidad de la vida depende de interpretaciones subjetivas, entonces deja de ser un principio moral universal y se convierte en una mera coartada retórica para defender la autonomía individual.

Como señalaron autores críticos como Hadley Arkes o Robert P. George, lo que Dworkin llama "santidad de la vida" es en realidad una forma sofisticada de defender la autodeterminación personal, disfrazada de principio compartido. El aborto aparece así como una opción legítima, no porque respete una santidad objetiva, sino porque la vida prenatal se convierte en algo disponible durante un tiempo, según lo que establezcan las leyes y decida la madre. En definitiva, se trata de una santidad paradójica en dos sentidos, i) limitada en el tiempo (porque solo merece protección plena una vez transcurrido cierto plazo de gestación), y ii) disponible a la voluntad de otra persona (porque durante ese período la continuidad de esa vida depende de una decisión unilateral ajena). En cualquier caso, Dworkin intentó mostrar que ambas posiciones —pro-vida y pro-elección— eran moralmente respetables, porque compartían un mismo núcleo ético. Pero el precio de esa conciliación es la incoherencia: no se puede sostener a la vez que la vida es sagrada y que puede ser suprimida legítimamente si alguien así lo decide.

Pienso que el título mismo de la obra, *Life's Dominion*, desvela el trasfondo filosófico de toda la argumentación. Hablar del "dominio de la vida" es adoptar un lenguaje de propiedad y soberanía individual. La vida no se entiende aquí como algo recibido o custodiado, sino como algo que me pertenece en exclusiva, sobre lo que tengo poder de disposición. Esa visión entronca perfectamente con la tradición liberal norteamericana, donde la autonomía individual se erige como el principio supremo. "Mi vida, mi cuerpo, mi decisión" es el lema que expresa con claridad este enfoque. Pero el problema es que esta lógica del dominio genera inevitablemente jerarquías de poder. Por una parte, están los fuertes, los que tienen capacidad de decidir y ejercen el dominio, y, por otra, los débiles −los no nacidos, los ancianos dependientes, los enfermos terminales, los discapacitados graves−, quienes quedan en situación de vulnerabilidad, pues su derecho a vivir depende de que otros lo reconozcan y lo respeten.

Lo que se presenta como una defensa de la santidad de la vida acaba convirtiéndose en una santidad selectiva, que solo protege plenamente a quienes pueden ejercer dominio sobre sí mismos. Es, en el fondo, la santidad de la vida de los más fuertes, mientras que los más frágiles quedan desprotegidos.

Frente a esta perspectiva individualista, cabe proponer un marco diferente para pensar la vida y su santidad: no desde la categoría del dominio, sino desde la del cuidado. La vida humana, especialmente en sus fases de mayor vulnerabilidad −el inicio y el final−, no puede concebirse como una propiedad privada, sino como un bien que exige respeto, protección y responsabilidad compartida. La verdadera santidad de la vida no se manifiesta en el poder de disposición, sino en la actitud de custodiar y cuidar aquello que no depende enteramente de nosotros. Hablar de cuidado es hablar de interdependencia. Nadie es dueño absoluto de su vida, porque todos somos, en alguna medida, frágiles y dependientes. La infancia, la enfermedad, la vejez y la muerte nos recuerdan que la vida no se domina, sino que se acoge, se cuida, se acompaña y se protege. Por eso, las expresiones que mejor casan con la noción de santidad de la vida no son "propiedad" ni "dominio", sino respeto, cuidado, protección y responsabilidad. Estas categorías expresan de manera más adecuada lo que significa que la vida tenga un valor intrínseco: que no puede ser tratada como disponible, ni subordinada a la decisión unilateral de otro, sino acogida en su fragilidad y defendida precisamente en sus momentos de mayor indefensión.

El esfuerzo de Dworkin en *Life's Dominion* tuvo un innegable impacto: supo articular una justificación moral que hacía del aborto no solo una opción política legítima, sino incluso un derecho protegido por principios constitucionales. Lo logró construyendo un terreno común –la supuesta santidad de la vida– que permitiría a los dos bandos reconocerse mutuamente. Pero esa reconciliación se sostiene sobre una contradicción profunda: convertir la santidad de la vida en un principio disponible, relativo y temporal. Una santidad que se hace compatible con decisiones unilaterales que terminan con la vida humana en gestación ya no es tal; es, en realidad, la exaltación de la autonomía individual disfrazada de principio universal. El título de la obra lo confirma: *Life's Dominion* no habla de cuidado ni de respeto, sino de dominio, de soberanía sobre la propia vida. Pero ese enfoque termina favoreciendo únicamente a los fuertes y dejando sin protección a los más vulnerables. Si la vida es realmente sagrada, lo es precisamente cuando aparece en su máxima fragilidad: al inicio y al final de la existencia. Y ahí lo que se requiere no es dominio, sino respeto, cuidado, protección y responsabilidad. Solo desde estas categorías puede hablarse con coherencia de una verdadera santidad de la vida.

## España

Poco más de un año después de *Dobbs*, el Tribunal Constitucional español (STC 44/2023, 9 de mayo) –siguiendo una lógica propia del constitucionalismo evolutivo anglosajón (aunque sin reconocerlo expresamente)– sostuvo que la Constitución, entendida como "árbol vivo" y mediante una "interpretación evolutiva", contiene un "derecho al aborto". Además, ata al legislador a mantener un sistema de plazos que permita a la mujer interrumpir –si así lo desea y sin limitación dentro del plazo– la vida del feto que lleva en su seno.

Vista en perspectiva comparada, la STC apenas se apoya en derecho comparado para defender ese "derecho al aborto", núcleo de su nueva doctrina. Como ninguna otra jurisdicción occidental (ni europea ni anglosajona) había llegado tan lejos, la sentencia recurre sobre todo a informes, declaraciones u observaciones de organismos internacionales y europeos, pero no a normas constitucionales o de derecho internacional público ni a pronunciamientos jurisprudenciales de alcance equivalente (como el norteamericano de 1973, vigente hasta 2022). Cuando cita resoluciones de la Unión Europea, lo hace de modo parcial, pues ésta no ha establecido ningún derecho al aborto. Por su parte, el Tribunal Europeo de Derechos Humanos (integrado en el Consejo de Europa) ha mantenido que la regulación del aborto es competencia del legislador nacional (no al intérprete constitucional) (A, B y C c. Irlanda, demanda n.º 25579/05, 16-12-2010). Y aunque la Resolución del Parlamento Europeo de 24-06-2021 afirma en un considerando –no en su parte dispositiva– que "todas las personas tienen derecho a tomar decisiones sobre su cuerpo sin discriminación", de ahí no se infiere un derecho constitucional al aborto. Ningún otro país europeo había hecho la lectura que hizo el TC español.

En suma, la STC no pudo apoyarse en una consolidada experiencia comparada porque no existe. Es especialmente significativo: aunque Estados Unidos proclamó en

1973 un "derecho al aborto" y esa doctrina influyó en la despenalización del aborto en Occidente, ningún país europeo lo elevó a derecho constitucional... hasta España en 2023 (y Francia en 2024), precisamente cuando esa doctrina ya había sido derogada al otro lado del Atlántico.

¿Por qué en Europa no se dio ese paso? No porque "no se defienda a las mujeres" o por prejuicios religiosos o morales, como a veces se sugiere en España, sino por razones jurídicas y constitucionales. El caso paradigmático es Alemania, cuyo Tribunal Constitucional se apartó del modelo estadounidense en dos sentencias clave (25-02-1975 y 28-05-1993).

- 1975: el Tribunal constitucional alemán sostuvo que el derecho a la vida (art. 2.2 de la Ley Fundamental) alcanza al embrión "como interés jurídico independiente". De ello derivó la obligación estatal de no perjudicar al no nacido y de proteger su desarrollo frente a injerencias de terceros. Admitió la inexigibilidad (*Unzumutbarkeit*) cuando la continuación del embarazo supusiera peligro para la vida de la madre o grave daño para su salud; más allá, dejó al legislador definir otras circunstancias extraordinarias que justificaran la despenalización. En un voto particular (Rupp-von Brünneck y Simon) se aludió al "derecho al aborto" del modelo estadounidense, para subrayar que eso "iría demasiado lejos" en el Derecho constitucional alemán, y que la pena no aseguraba el éxito ni resultaba, por otras razones, una reacción adecuada.

- 1993: el Tribunal constitucional alemán reafirmó que el feto, "en el momento (...) del embarazo, es una vida individual ya definida en su identidad genética, que no llega a ser humano, sino que es humano", y fijó el principio de que el aborto es, en principio, una injusticia. Por ello, "el derecho a la vida del feto no puede quedar a la libre disposición (ni siquiera por un tiempo) de la madre". Y añadió la fórmula hoy vigente: "Los derechos fundamentales de la mujer no se extienden hasta suprimir de manera general –ni siquiera por un tiempo determinado– la obligación legal de llevar a término una gestación. Sin embargo, esos derechos implican que, en circunstancias excepcionales, sea admisible (y a veces necesario) no imponer tal obligación. Corresponde al legislador determinar en detalle estas excepciones según el criterio de la irrazonabilidad, cuando las cargas exijan un sacrificio de los propios valores vitales que no puede exigirse a la mujer".

La doctrina alemana –por su peso jurídico y por la protección reforzada de la dignidad y la vida tras el período nacionalsocialista– ha influido en Europa. De ahí que muchos países hayan despenalizado (a veces con plazos), pero sin reconocer un derecho constitucional y sin imponer un único modelo al legislador. Lo contrario –como hace la STC 44/2023 al blindar los plazos– cierra la capacidad del legislador para adaptar la regulación a las circunstancias de cada momento histórico.

## Francia

El 4 de marzo de 2024, la Asamblea Nacional aprobó una reforma constitucional que añade al art. 34: "La ley determina las condiciones en las que se ejerce la libertad garantizada a las mujeres de recurrir a la interrupción voluntaria del embarazo". A primera vista, Francia se erige en la única nación que garantiza constitucionalmente el aborto –o, con precisión, una "libertad garantizada"–. Pero la realidad jurídica es más matizada.

El apoyo abrumador (780 a favor, 72 en contra, 50 abstenciones) refleja un enfoque casi exclusivo en la libertad corporal de la mujer, sin atender al valor del *nasciturus*. La enmienda tiene una potente carga simbólica, pero su alcance constitucional es limitado y confuso:

- Limitado, porque la Constitución remite a la ley para fijar condiciones: el contenido real dependerá del legislador de cada momento. En teoría, Francia podría terminar con una regulación más restrictiva que otras, pese a la mención constitucional.

- Confuso, porque, desde la lógica de los derechos humanos, resulta paradójico proclamar un derecho que nadie razonable desea que se ejerza masivamente. Francia padece un problema de salud pública: 320 abortos por cada 1000 nacimientos (la segunda tasa más alta de Europa) y 230.000 abortos en 2022. La prioridad sanitaria debería ser reducir esas cifras. Ya el Plan de Acción de El Cairo (1994), al consagrar los derechos sexuales y reproductivos, advirtió que el aborto no debe usarse como método anticonceptivo y reclamó políticas para minimizar su número.

Cabe añadir que la reforma ignora el objeto del aborto: poner fin a una vida humana en desarrollo intrauterino. Esa vida puede tratarse jurídicamente como persona con plenos derechos, o como un bien merecedor de protección progresiva; lo que no parece aceptable es desentenderse por completo de una realidad valiosa en sí misma. Falta, en suma, un debate público amplio y sereno que busque conciliar dos bienes jurídicos muy relevantes: la libertad de la mujer y la vida del no nacido.

## Consideraciones finales sobre los casos español y francés

Durante medio siglo, el gran relato constitucional del aborto vino de Estados Unidos: primero con *Roe v. Wade* (1973), que lo elevó a derecho fundamental, y luego con *Dobbs v. Jackson* (2022), que devolvió la cuestión al legislador. Europa, entretanto, había seguido un camino distinto: despenalizar y regular, pero sin constitucionalizar. Hasta que España (2023) y Francia (2024) rompieron ese consenso, cruzando un umbral que ningún otro país europeo había traspasado.

El contraste con Alemania es elocuente. Allí, el Tribunal Constitucional reconoció hace décadas que el feto es una vida humana y que el aborto es, en principio, una injusticia, aunque pueda despenalizarse en casos de inexigibilidad. Esa doctrina, nacida de una Constitución marcada por la experiencia del siglo XX, inspiró la prudencia europea: apertura regulatoria, sí; blindaje constitucional, no.

España y Francia han optado por lo contrario. España al declarar un "derecho al aborto" y, con él, un modelo obligatorio de plazos; Francia al consagrar una "libertad garantizada" que, en la práctica, remite todo al legislador. Son dos vías distintas, pero ambas comparten un mismo rasgo: transforman en categoría constitucional lo que antes se resolvía en el plano legislativo y prudencial.

La paradoja es clara: mientras Estados Unidos se desjudicializa, Europa comienza a constitucionalizar. Y, sin embargo, nada obligaba a dar ese paso. La experiencia europea había mostrado que era posible equilibrar autonomía y protección de la vida, con gradualidad y flexibilidad.

Constitucionalizar puede sonar a triunfo definitivo; tal vez sea, más bien, una forma de cerrar prematuramente un debate que exige deliberación democrática, políticas públicas eficaces y acompañamiento real para que el aborto deje de ser, lo antes posible, un desenlace normalizado.

Fiódor Dostoievski (1821–1881), en *Los hermanos Karamázov* (1880), puso en boca de Iván la célebre sentencia: "Si Dios no existe, todo está permitido". Aunque se ha repetido mil veces, conserva toda su fuerza: muestra el destino inevitable de una cultura que desconecta la libertad de cualquier referencia objetiva. Cuando la libertad se entiende como pura elección subjetiva, incluso la vida humana deja de ser un límite y se convierte en algo disponible. Así, el aborto se presenta como una opción legítima e incuestionada, no porque deje de ser grave, sino porque se ha instalado la convicción de que nada —ni siquiera la vida de un ser humano en gestación— puede restringir la autonomía. Dostoievski vio con lucidez que, cuando todo se permite, lo que realmente triunfa no es la libertad, sino la violencia del más fuerte.

# 9. Repensar la regulación del aborto

## Una mirada al aborto desde la historia

El aborto es hoy una realidad bastante aceptada en la cultura occidental, aunque sigue generando intensos desacuerdos en casi todos los países. Tal vez ningún lugar refleje mejor ese choque que Estados Unidos, donde las posiciones provida y proabortistas dividen con enorme fuerza a la sociedad.

Siempre me ha sorprendido, sin embargo, una contradicción: buena parte de quienes en EE. UU. se oponen al aborto defienden la pena de muerte. En una ocasión se lo planteé directamente a Antonin Scalia, juez conservador del Tribunal Supremo, durante una comida amistosa en su despacho, dos años antes de su repentina e inesperada muerte. Su respuesta fue que aborto y pena de muerte no eran comparables. Le contesté que oponerse al primero y apoyar la segunda era una forma extraña de defender la vida, que posee la misma dignidad en todo ser humano, sea inocente o criminal, fuerte o débil. Añadí que, si cada vida merece protección, no entendía por qué excluir la de un preso condenado, sobre todo cuando el Estado dispone de cárceles que permiten neutralizar cualquier peligro. Debo reconocer que la conversación se tensó un poco a partir de ahí, aunque terminó bien. Pero sus razones, sinceramente, no me convencieron.

Creo entender bastante bien la cultura actual del aborto, incluso más que algunos de sus defensores. Tanto, que puedo afirmar que la despenalización ha sido la consecuencia lógica de la evolución de nuestra cultura occidental.

Albert Camus (1913–1960), en *El hombre rebelde* (1951), advertía: "Si no hay valores superiores, si nada es verdadero ni falso, nada es justo ni injusto, entonces todo está permitido y no hay razón para no matar"; "El rebelde mata, pero se justifica"; "El crimen lógico es el que se comete en nombre de una idea". Estas tres afirmaciones, escritas en pleno siglo XX, parecen describir lo que ha sucedido con la aceptación del aborto en Occidente. Lo que comenzó como una reivindicación de liberación frente a normas consideradas represivas (como la prohibición del uso de contraceptivos), ha terminado legitimando una lógica cultural en la que el deseo se absolutiza y la autonomía individual se convierte en la única medida. La consecuencia de esa deriva es que la vida incipiente, incapaz de alzar la voz, ha quedado a merced de decisiones privadas, como si no tuviera valor propio. Camus intuyó que la rebeldía sin límites desemboca en una violencia disfrazada de conquista.

Sin embargo, el aborto no es un fenómeno moderno: ya existía en Roma. Y no resulta extraño en una sociedad que otorgaba al padre de familia poderes que hoy nos parecerían impensables: el *ius vitae necisque* (el derecho de vida o muerte sobre los hijos), el *ius vendendi* (la facultad de venderlos) o la *noxae deditio* (entregarlos a la víctima de un delito para librarse de responsabilidad). Con el paso de los siglos, el derecho romano se fue humanizando, en buena medida gracias a la influencia del cristianismo, que desde el año 380 se convirtió en religión oficial del Imperio.

Desde el siglo IV y durante más de mil quinientos años, el aborto estuvo castigado en Occidente. Ahora bien, se castigaba de manera muy desigual: casi siempre recaía sobre la mujer. Solo en raras ocasiones un hombre podía ser sancionado, y solo si era sorprendido ayudando o instigando el aborto. La sociedad patriarcal exigía a la mujer un decoro y una integridad mucho mayores que al hombre. Con el tiempo, este desequilibrio se hizo insostenible, sobre todo a partir del siglo XIX y, con más fuerza aún, tras la revolución sexual de los años sesenta. La nueva idea de libertad sexual —entendida como liberación de normas morales consideradas represivas–, junto con la expansión de los anticonceptivos, transformó el paradigma. Se empezó a justificar la anticoncepción como un modo de reducir abortos, y el aborto siguió penado, aunque poco a poco se introdujeron excepciones (riesgo para la madre, violación, etc.).

En las últimas décadas, a medida que la idea de libertad sexual se consolidaba, resultaba cada vez más injustificable el trato desigual entre mujeres y hombres. Así, muchos países reformaron sus leyes, pasando del sistema de indicaciones (supuestos excepcionales) al de plazos, en el que la mujer puede decidir libremente dentro de un tiempo determinado. De ese modo, se argumentó, las mujeres lograban una libertad sexual semejante a la que los hombres habían ejercido durante siglos. Simone de Beauvoir ya lo denunció a mediados del siglo pasado: solo con un régimen de plazos las mujeres podrían vivir la sexualidad "libres de consecuencias para su vida futura", como los hombres lo habían hecho históricamente.

Resumo ahora así este recorrido histórico: entre el siglo IV y los años sesenta del siglo XX, la mujer cargaba con toda la responsabilidad sobre el niño no nacido, mientras que el hombre quedaba impune. Desde los años setenta hasta hoy, las leyes se han modificado para otorgar a la mujer un plazo de impunidad, equiparándola así al hombre, que siempre estuvo exento de sanción por el embarazo provocado. Desde una perspectiva estrictamente igualitaria, la actual regulación tiene coherencia: ofrece a la mujer la misma impunidad que el hombre ha tenido durante siglos.

Pero comprender esta evolución histórica es esencial para poder debatir sobre el aborto más allá de eslóganes fáciles: "ninguna mujer debe ir a la cárcel", "nosotras parimos, nosotras decidimos", "el feto es parte del cuerpo de la mujer", "no se sabe cuándo empieza la vida humana", etc. La historia muestra otra cosa: primero, se obligaba a la mujer a proteger al no nacido mientras el hombre quedaba libre de culpa; ahora, se concede a la mujer la misma impunidad del varón, dejando que la vida del no nacido dependa enteramente de su voluntad.

¿Es esta la mejor regulación posible? Tal vez desde cierta perspectiva feminista, sí: permite a la mujer disfrutar de la sexualidad de forma tan irresponsable como muchos hombres lo han hecho, ignorando las consecuencias, abandonando a la mujer embarazada e incluso, demasiadas veces, tratándola con violencia. Pero resulta paradójico celebrar como victoria de la igualdad femenina un modelo que, en el fondo, imita lo peor de la cultura machista que se critica. En definitiva, creo que la actual regulación del aborto no es la más humana. Ojalá no necesitemos otros quince siglos para darnos cuenta de ello.


## Cómo proteger toda vida humana sin discriminar ni criminalizar a la mujer

La historia nos muestra con crudeza los errores que se repiten generación tras generación. En el caso del aborto, el error histórico de Occidente fue evidente: durante siglos se cargó todo el peso sobre las mujeres. Se las castigaba penalmente si interrumpían un embarazo, mientras el hombre —sin cuya participación la concepción nunca habría tenido lugar— quedaba completamente impune. Este desequilibrio se mantuvo durante más de mil años y se arrastró hasta bien entrado el siglo XX.

Hoy podría parecer que hemos corregido aquel error. Sin embargo, la solución que hemos adoptado en las últimas décadas no deja de ser, en muchos sentidos, otro desequilibrio. Al otorgar a las mujeres la misma impunidad de la que gozaron los hombres durante siglos, hemos dejado que la vida en gestación dependa exclusivamente de la voluntad de la madre. Desde una perspectiva estrictamente igualitaria, esta corrección parece lógica: se trata de dar a la mujer el mismo poder de decisión y la misma ausencia de sanción que siempre tuvieron los hombres. Pero si miramos más de cerca, **lo que hemos hecho es imitar el patrón irresponsable y machista que tanto se critica: una manera de vivir la sexualidad desligada de toda consecuencia, ajena a la solidaridad, y en ocasiones incluso violenta.** No parece razonable celebrar como un triunfo feminista lo que, en esencia, reproduce lo peor de la cultura patriarcal.

Por eso creo que es necesario un cambio de enfoque. No podemos volver atrás al viejo sistema, que castigaba exclusivamente a la mujer. Tampoco basta con mantener el actual, que convierte el aborto en un asunto privado y deja que la vida en gestación dependa de una sola decisión. Necesitamos una mirada distinta, más humana, más solidaria, que se fundamente en dos premisas básicas sin las cuales cualquier regulación quedará coja.

La primera premisa es que la vida prenatal no es asunto exclusivo de la mujer. Es fruto de dos personas, del hombre y de la mujer, y al mismo tiempo concierne a toda la sociedad. Cada nueva vida humana es un bien colectivo, algo valioso que nos afecta a todos. Por eso el Estado no puede limitarse a castigar o a permitir; debe implicarse de manera activa, promover la natalidad, proteger a las familias, y garantizar que ninguna mujer se vea sola en un embarazo difícil.

La segunda premisa es que la ley no debe obligar a nadie a criar un hijo en contra de su voluntad. La paternidad y la maternidad nacen de un hecho biológico –la concepción–, pero la crianza exige una entrega que no puede imponerse por la fuerza. En esta línea, la obligación de criar a los hijos no es absoluta. Existen motivos que pueden justificar la exención de esta obligación. Así, la ley puede eximir a los padres de la obligación de criar a los hijos en determinadas circunstancias (violación, enfermedad mental, falta de medios económicos, etc.), pero nunca de no tener al hijo, es decir, de privarlo de su nacimiento. Por consiguiente, la ley debe exigir siempre y necesariamente (salvo en caso de peligro para la vida de la madre) a los padres que den a luz al hijo concebido. Sin embargo, una vez nacido el niño, se puede –y en algunos casos incluso se debe– facilitar a los padres la renuncia a su hijo, lo que a su vez facilitaría la adopción por parte de otras parejas que, al no poder tener hijos y ante la complejidad y lentitud de los procesos de adopción, se ven obligadas a optar por la fecundación *in vitro*.

Reconocer el límite de no imponer la crianza obligatoria no significa presentar el aborto como un derecho positivo, como si interrumpir la vida en gestación fuese una opción valiosa o deseable en sí misma. Al contrario: convertirlo en derecho trivializa lo que en realidad es una tragedia. Entre obligar a alguien a ejercer la maternidad o la paternidad y concederle el poder absoluto de decidir sobre la vida de otro ser humano existe un amplio espacio normativo que merece ser explorado con seriedad.

Desde esta perspectiva, me atrevo a proponer algunas ideas. No son soluciones definitivas ni creo tener la última palabra. Más bien son puntos de partida para abrir un debate sereno. Y si mis propuestas sirven para que otros, mejor preparados, aporten ideas más justas y acertadas, me daré por satisfecho.

## Menos punición, más apoyo y acompañamiento

La primera idea es clara: el Derecho penal no debe ser el eje central de la regulación del aborto. No quiero decir con esto que toda conducta relacionada con el aborto deba quedar al margen de la ley, pero sí que es un ámbito demasiado complejo para resolverlo a golpe de Código Penal. El castigo penal, por definición, es una herramienta dura, poco flexible, que rara vez tiene en cuenta la diversidad de situaciones personales y sociales.

La experiencia lo demuestra: cuando la ley es excesivamente laxa, envía un mensaje de permisividad que puede banalizar el valor de la vida; pero cuando es demasiado severa, corre el riesgo de castigar con dureza a quienes ya se encuentran en circunstancias extremadamente difíciles. En ninguno de los dos casos se logra lo esencial: reducir el número de abortos. Y ese debería ser el objetivo. Por eso insisto: ni la penalización absoluta ni la despenalización completa resuelven el problema. Lo fundamental es crear las condiciones sociales, culturales y económicas que hagan menos probable que alguien se vea en la necesidad de recurrir a un aborto.

Lev Tolstói (1828–1910), en *Guerra y paz* (1869), sostuvo que el poder carece de consistencia real si no se apoya en la comprensión y aceptación de la comunidad, y criticó la ilusión de que la historia sea dirigida por voluntades individuales. Esta intuición literaria puede trasladarse a la cuestión del aborto: ninguna norma, por severa o indulgente que sea, tendrá eficacia real si no nace de una cultura compartida, de una conciencia social que comprenda el valor de la vida. El derecho penal por sí solo no transforma corazones ni genera solidaridad; solo puede acompañar a una convicción cultural más honda.

Una de las películas más significativas sobre el valor de la vida es *Bella* (2006), ganadora del Festival de Toronto. Narra la historia de Nina, una joven que planea abortar, pero cuya decisión cambia gracias a la amistad y la solidaridad de José, un antiguo futbolista. A lo largo de la película, José insiste en que el amor auténtico –cuando pone al otro por delante de uno mismo– tiene la capacidad de cambiar el rumbo de una vida. La película muestra que, frente a la soledad y el miedo, lo que verdaderamente transforma no es la ley ni la presión social, sino la experiencia concreta de sentirse acompañada y querida. En ese sentido, *Bella* sugiere que, en muchas situaciones, el problema no es tanto la falta de libertad como la falta de apoyo real para poder acoger la vida.

## Las sanciones y los responsables

La segunda propuesta se deriva de la primera. No creo que el aborto deba castigarse con penas de prisión para la mujer ni para el hombre. Ambos son responsables de la concepción y de la decisión posterior, pero encarcelarlos no aporta justicia. Más bien añadiría sufrimiento a una situación ya de por sí dolorosa. Ahora bien, esto no significa que no deba haber ningún tipo de sanción. La ley debería señalar con claridad que se trata de una conducta grave, pero las penas privativas de libertad no son el camino.

En cambio, el personal sanitario que practica abortos fuera de la legalidad sí podría enfrentarse a sanciones más severas, incluso de prisión. La razón es sencilla: son ellos quienes, con pleno conocimiento técnico, llevan a cabo el acto que interrumpe una vida humana en gestación. En este sentido, la responsabilidad profesional debe ser mayor que la de quienes, por desesperación o vulnerabilidad, toman una decisión trágica.

## El sistema de plazos y sus problemas

La tercera idea tiene que ver con el sistema de plazos, hoy convertido en el modelo predominante en muchos países de Occidente. A primera vista, parece una solución razonable: se concede a la mujer un tiempo durante el cual puede decidir libremente, y a partir de cierto momento la protección del feto aumenta. Pero este sistema tiene varios problemas de fondo.

El primero es que se apoya en una noción errónea de la dignidad humana. Se suele argumentar que la protección debe incrementarse a partir de la semana 14, cuando el feto empieza a sentir dolor, o de la semana 22, cuando puede sobrevivir fuera del útero. Pero la dignidad de la persona no depende de sentir dolor ni de poder vivir de manera independiente. Un recién nacido tampoco podría sobrevivir sin el cuidado de otros, y nadie discute que sea digno de protección absoluta.

El segundo problema es que el sistema de plazos transforma el aborto en un "derecho" ejercitable durante un período determinado. En la práctica, esto implica presentar como opción legítima y normal lo que debería vivirse como una excepción dolorosa. No es razonable equiparar la libertad de abortar con otros derechos que expresan bienes valiosos para la persona o la sociedad. El aborto siempre supone la pérdida de una vida humana incipiente, y debería ser tratado como un drama, no como un logro.

El tercer problema es más político: el sistema de plazos se convierte, en muchos casos, en una excusa para el Estado. Como se ofrece a los padres la posibilidad de abortar —una salida menos costosa para ellos y para la administración—, las autoridades tienden a eludir su deber de promover la natalidad y de apoyar económica y socialmente a quienes querrían seguir adelante con el embarazo. En vez de acompañar, se deja la decisión en manos de los padres, trasladándoles todo el peso de la responsabilidad. El aborto se convierte, así, en la vía más fácil, no en la más justa.

## El papel del Estado y de la sociedad

De aquí se deriva la cuarta propuesta: la sociedad y el Estado deben implicarse de manera activa en la protección de toda vida en gestación. No basta con despenalizar ni con conceder plazos. Es imprescindible ofrecer alternativas reales y eficaces.

En nuestra época existen mujeres que aceptan participar en procesos de maternidad subrogada, a veces por necesidad económica, asumiendo la carga física y emocional de un embarazo que no es suyo. ¿Por qué no pensar que muchas mujeres con embarazos no deseados estarían dispuestas a continuarlos si contaran con el apoyo adecuado, con la perspectiva de dar al niño en adopción una vez nacido? Y también cabe imaginar que algunas, tras dar a luz y recibir ayudas suficientes, optarían por quedarse con su hijo. Lo decisivo es que no se sientan solas, ni abandonadas, ni presionadas por un Estado que les ofrece solo la opción más barata: abortar.

La película *October Baby* (2011) pone rostro a esta posibilidad. Su protagonista, Hannah, descubre que fue adoptada tras sobrevivir a un aborto fallido. La historia convierte en experiencia vital lo que suele quedar en cifras y estadísticas: cada niño no nacido tiene un nombre posible, una historia futura, una capacidad de amar. En una de las escenas más conmovedoras, Hannah se encuentra con su madre biológica y le expresa su perdón, sin reproches ni acusaciones. Esa actitud resume lo que está en juego: el aborto no elimina solo un embarazo, sino una vida que puede crecer, sufrir y también perdonar. La opción de la adopción, que tu texto defiende, se ilumina aquí con una fuerza narrativa que ninguna teoría puede igualar.

Un Estado verdaderamente humano debería articular políticas familiares, laborales, sociales y económicas que faciliten la maternidad y la paternidad, que apoyen a quienes atraviesan situaciones difíciles, y que hagan del nacimiento de cada niño una buena noticia, no un problema a evitar. Porque, al fin y al cabo, cada aborto es un drama personal y un fracaso colectivo: una vida que no verá la luz porque la sociedad no supo o no quiso ofrecer alternativas.

Víctor Hugo (1802–1885), en *Los miserables* (1862), escribió una frase que condensa toda su visión de la vida: "Amar o haber amado, eso basta. No preguntéis más. No hay otra perla en las tinieblas de la vida". Esa sentencia, nacida del dolor y la compasión, golpea con la fuerza de lo evidente: frente a la oscuridad de la miseria, la única luz es el amor. Trasladada al debate sobre el aborto, significa que ninguna regulación, por sofisticada que sea, puede ser justa si olvida esta verdad elemental: que toda vida humana merece ser acogida, y que toda mujer vulnerable necesita ser acompañada con amor. Donde el Derecho se limita a calcular o a gestionar, la literatura de Hugo nos recuerda que el verdadero criterio es más radical: amar. Y amar implica proteger y cuidar a todo ser humano, incluso cuando parece muy difícil o imposible.

## Reflexión final

Desde este marco, resulta preocupante que España, en 2023, y Francia, en 2024, hayan dado un paso más al introducir el aborto en la Constitución, ya sea mediante interpretación judicial o mediante enmienda. Presentar el aborto como un derecho fundamental puede parecer un avance, pero en realidad oculta un patriarcado más sutil: el que empuja a la mujer a abortar, ya sea por la presión de un hombre que no asume su responsabilidad o por la indiferencia de un Estado que privatiza la maternidad y deja a la mujer sola. Lo que se presenta como conquista de libertad puede terminar siendo, en la práctica, un abandono.

La historia debería hacernos reflexionar. Durante siglos, la esclavitud se consideró normal. Hoy nos parece impensable que tantas sociedades aceptaran esa injusticia. Y sin embargo, el paralelismo con el aborto resulta inquietante: en ambos casos hablamos de seres humanos tratados como propiedad de otros, sin condición jurídica de persona, cuyo destino depende de una voluntad ajena. Del mismo modo que nadie estaba obligado a tener esclavos, hoy nadie está obligado a abortar. Y sin embargo se tolera que unos tengan poder absoluto sobre otros.

La abolición de la esclavitud fue un hito histórico. Revisar la actual regulación del aborto debería ser otro. No se trata de imponer por la fuerza, sino de abrir un debate social sereno, de hacer prevalecer la fuerza de la razón impregnada de humanidad. Quizá entonces las generaciones futuras nos juzguen con más benevolencia que la que hoy reservamos a quienes toleraron la esclavitud. En esta línea, es bien conocida la afirmación del Dr. Bernard Nathanson (1926–2011), médico estadounidense que en los años 70 fue cofundador de la organización NARAL y uno de los principales promotores del aborto legal en EE. UU., convertido en un crítico radical de esta práctica tras haber dirigido personalmente decenas de miles de abortos: "La humanidad hoy se arrepiente de la esclavitud de ayer, y pronto se avergonzará del crimen del aborto".

La sociedad y la clase política tienen una responsabilidad ineludible: reflexionar y rectificar el rumbo de los últimos cincuenta años. No para volver a las viejas normativas –que también fueron erróneas–, sino para establecer un marco más humano y equitativo.

Dante Alighieri (1265–1321), al inicio de *La Divina Comedia* (1307–1321), describe su desconcierto vital con palabras que siguen resonando: "A mitad del camino de la vida, me encontré en una selva oscura, pues la recta vía estaba perdida". Europa y Occidente parecen hallarse en esa selva respecto al aborto: confundidos entre voces opuestas, sin camino claro. Pero la obra de Dante recuerda que siempre es posible reencontrar la "recta vía", no como imposición, sino como hallazgo de un sentido más humano. Esa es la tarea que tenemos por delante: no resignarnos a la oscuridad, sino atrevernos a pensar una salida justa y solidaria.

En consecuencia, necesitamos un nuevo marco que proteja a todos, que no presente el aborto como la única salida posible, y que busque conciliar los bienes más valiosos que tenemos: la libertad de la mujer y la vida del no nacido. Solo así podremos decir que hemos aprendido de la historia.

# Doce lecturas recomendables

Lluís Ballester Brage / Carmen Orte Socías, *Nueva pornografía y cambios en las relaciones interpersonales de adolescentes y jóvenes* (Octaedro, 2019):

Este estudio sociológico ofrece una radiografía inquietante sobre el impacto de la pornografía en la vida afectiva y sexual de los adolescentes y jóvenes. Los autores muestran cómo la pornografía no solo moldea las expectativas sexuales, sino también las relaciones interpersonales, promoviendo dinámicas de consumo, cosificación y pérdida de empatía. Una obra rigurosa y accesible que revela hasta qué punto el nuevo paradigma cultural erosiona la capacidad de los jóvenes para vivir la sexualidad con autenticidad y respeto.

Josemaría Carabante, *Mayo del 68: Claves filosóficas de una revuelta posmoderna* (Rialp, 2018):

Carabante analiza con claridad las raíces intelectuales y culturales de Mayo del 68, mostrando cómo la revuelta no fue solo política o estudiantil, sino un cambio profundo de paradigma moral. La crítica a la tradición, el enaltecimiento del deseo y la ruptura con la noción clásica de naturaleza desembocaron en una nueva concepción de libertad individual. Este libro resulta fundamental para comprender el trasfondo filosófico de la revolución sexual y su impacto en la cultura contemporánea.

Nicholas Carr, *Superficiales. Qué está haciendo Internet con nuestras mentes* (Taurus, 2011):

Este best-seller internacional alerta sobre cómo el uso intensivo de internet está transformando nuestra mente, reduciendo la capacidad de concentración, de memoria profunda y de pensamiento crítico. Carr muestra, con ejemplos de neurociencia y cultura, que la sobreexposición a la red favorece la superficialidad y la inmediatez, debilitando la reflexión y la vida interior. Aunque no trata directamente sobre sexualidad, ayuda a comprender el trasfondo de una cultura dominada por el deseo instantáneo y el consumo rápido de estímulos, donde la libertad queda erosionada por la dependencia tecnológica.

Roberto Colombo, *Bioética y vulnerabilidad. El cuidado de la vida humana en situaciones de fragilidad* (BAC, 2019):

Este libro ayuda a comprender que la bioética no puede limitarse a gestionar deseos individuales o a equilibrar derechos en abstracto. Nos recuerda que la verdadera medida de la humanidad está en cómo tratamos a quienes menos pueden defenderse. Colombo ofrece un marco riguroso y a la vez profundamente humano para pensar cuestiones como el aborto y la eutanasia, proponiendo el cuidado como principio rector.

Thérèse Hargot, *Una juventud sexualmente liberada (o casi)* (Rialp, 2017):

La filósofa y sexóloga belga Thérèse Hargot recoge en este libro su experiencia de trabajo con adolescentes y jóvenes europeos, mostrando las paradojas de una cultura que se proclama "sexualmente liberada" pero que en realidad deja a los jóvenes desorientados, vulnerables y solos ante la presión social y la banalización del deseo. Con un estilo fresco y directo, Hargot denuncia que la supuesta liberación sexual no ha traído más autenticidad ni más amor, sino inseguridad, consumo y frustración. Una obra lúcida y valiente que interpela tanto a educadores como a padres y a jóvenes.

Peter C. Kleponis, *Pornografía. Comprender y afrontar el problema* (Voz de Papel, 2018):

El psicólogo y terapeuta Peter C. Kleponis ofrece en este libro una guía completa para entender el fenómeno de la pornografía y sus efectos en la vida personal, afectiva y familiar. Basado en años de experiencia clínica, combina datos científicos, testimonios y estrategias de acompañamiento para quienes sufren adicción o para quienes desean prevenirla. El libro no se limita a describir el problema, sino que abre caminos de recuperación y libertad, mostrando que es posible sanar y reconstruir relaciones dañadas. Una obra clara, accesible y esperanzadora que resulta especialmente útil para padres, educadores y parejas.

Gabriele Kuby, *La revolución sexual global. La destrucción de la libertad en nombre de la libertad* (Didaskalos, 2017):

El libro denuncia cómo, en nombre del progreso, nuestra comprensión de la sexualidad ha sido despojada de toda referencia ética o antropológica, situando al individuo en un vacío voluntarista que amenaza la auténtica libertad. Aunque con un marcado sesgo ideológico, el libro ofrece argumentos articulados e invita a un debate riguroso sobre la verdadera naturaleza de la libertad.

Ana Marta González, *La ética del cuidado. Los límites de la justicia* (Eunsa, 2010):

Este libro es una invitación a redescubrir que la vida social no se sostiene solo en contratos ni en declaraciones de derechos, sino en vínculos de cuidado mutuo. Es un texto riguroso y a la vez claro, que permite superar la dicotomía entre autonomía y dependencia, y que recuerda que la ética empieza en reconocer al otro en su fragilidad. Este libro conecta directamente con mi tesis en este libro: frente a una cultura del aborto que abandona al más débil, la alternativa no es más derecho penal, sino una cultura del cuidado que ampare tanto al no nacido como a la madre.

Pablo Pérez López, *De Mayo del 68 a la cultura woke* (Palabra, 2024):

El historiador Pablo Pérez López analiza el recorrido cultural e ideológico que une las revueltas del Mayo del 68 con el actual fenómeno de la cultura *woke*. Con un estilo claro y divulgativo, explica cómo el enaltecimiento del deseo individual, la ruptura con la tradición y la redefinición de la identidad han ido configurando un nuevo paradigma social. El libro ayuda a entender que las raíces de muchos debates actuales sobre libertad sexual, género o aborto no son fenómenos aislados, sino parte de un largo proceso de transformación cultural iniciado en el siglo XX. Una lectura imprescindible para situar en perspectiva histórica el presente.

Enric Puig Punyet, *La gran adicción. Cómo sobrevivir sin internet y no aislarse del mundo* (Arpa Editores, 2016):

En esta obra, Puig Punyet alerta sobre los efectos psicológicos y sociales de la hiperconexión digital. La dependencia de internet y de las redes sociales no solo cambia los hábitos de comunicación, sino también la manera de relacionarnos, de desear y de concebir la libertad. Con un lenguaje cercano, el autor muestra cómo el exceso de estímulos inmediatos erosiona la capacidad de interioridad y de compromiso. Su lectura ayuda a entender el trasfondo cultural de una sociedad marcada por la inmediatez y el consumo, también en la vivencia de la sexualidad.

Antonio Socci, *El genocidio censurado. Aborto: mil millones de víctimas inocentes* (Ediciones Cristiandad, 2008):

El periodista y ensayista italiano Antonio Socci denuncia en este libro el silencio mediático y cultural en torno a la magnitud del aborto en el mundo, que él define como "el genocidio más grande y más silenciado de la historia". Con un estilo incisivo y periodístico, Socci combina datos, testimonios y reflexiones morales para mostrar que detrás de cada cifra hay una vida humana concreta. Una obra que no deja indiferente y que invita a tomar conciencia de la magnitud del drama.

Osamu Tokumura, *La pornografía online. Una nueva adicción* (Voz de Papel, 2015):

El psiquiatra japonés Osamu Tokumura analiza con claridad el fenómeno creciente de la pornografía en internet y sus consecuencias psicológicas y sociales. Desde la perspectiva clínica, muestra cómo el consumo compulsivo altera el cerebro, genera dependencia y deforma la visión de la sexualidad y de las relaciones interpersonales. Con un lenguaje accesible, el libro alerta de una nueva adicción silenciosa que afecta especialmente a adolescentes y jóvenes, y que erosiona la libertad interior. Una lectura necesaria para comprender el trasfondo cultural de la banalización sexual en la era digital.

# Tres obras mías de divulgación relacionadas con el contenido de este libro

*La eutanasia en España. Perspectivas desde la vulnerabilidad* (Aniceto Masferrer, ed.) (Rialp, 2021):

Este libro analiza la reciente legalización de la eutanasia en España desde la perspectiva de la vulnerabilidad, mostrando cómo una sociedad se mide por el modo en que trata a sus miembros más frágiles. Se examinan los argumentos filosóficos (o éticos), médicos y jurídicos en torno a la eutanasia y advierte del riesgo de convertir el derecho a morir en una forma de presión sobre los más débiles. Con un estilo claro y fundamentado, la obra invita a repensar el valor de la vida y la obligación social de cuidar, no de eliminar, al vulnerable.

*Libertad y ética pública. Por qué pensar críticamente es clave para salvar la democracia* (Sekotia, 2022):

En este ensayo, defiendo que la auténtica libertad no puede reducirse a la satisfacción de deseos inmediatos ni a la mera autonomía individual, sino que exige pensamiento crítico, responsabilidad y sentido ético. La obra analiza los desafíos de nuestras democracias ante el populismo, la manipulación y el debilitamiento cultural de la libertad, subrayando la necesidad de recuperar una ética pública que ponga en el centro la dignidad de la persona. El libro contiene reflexiones claves para comprender el trasfondo filosófico y político de los debates actuales sobre sexualidad, aborto y derechos humanos.

*Cómo vivir en libertad siendo uno mismo* (Grupo Editorial Fonte, 2024):

En esta obra, propongo una reflexión accesible y vital sobre el arte de vivir en libertad. Frente a la cultura contemporánea que confunde libertad con deseo ilimitado, muestro que la verdadera libertad pasa por el reconocimiento de la propia fragilidad, la apertura a la verdad y la construcción de una vida con sentido. Con un estilo divulgativo, el libro ofrece claves prácticas para quienes buscan autenticidad en medio de una sociedad marcada por la superficialidad y la presión del conformismo. Creo que puede ser una lectura inspiradora y profundamente humana.

# Notas sobre las fuentes y la bibliografía

Este libro es el resultado de años de investigación, traducido en numerosos trabajos, publicados en español y en inglés. Mi propósito era el de hacer partícipe a la sociedad de mis conocimientos, convenientemente escritos en un libro de divulgación, con un texto accesible al público en general y sin notas al pie de página.

No tendría sentido recoger aquí todas las fuentes empleadas, que son variadas, y van desde informes de la ONU hasta normativa y casos judiciales, pasando por obras de juristas, filósofos, médicos, periodistas, etc. Algunas fuentes y referencias bibliográficas aparecen a lo largo del texto, pero las más de las veces no son citadas. Sí aparecen en mis trabajos académicos, pero no en este libro.

Si hubiera algún lector interesado en profundizar en algunos de los temas abordados en este libro, le dejo aquí el listado de mis publicaciones, donde sí aparecen las fuentes y la bibliografía, como se requiere en todo trabajo académico. Como el lector podrá comprobar, llevo una década estudiando el tema de la libertad sexual, desde perspectivas culturales diversas, sobre todo la filosófica y la jurídica, y dentro de ésta, con un predominio del Derecho histórico, del penal, constitucional y de los derechos humanos.

Aunque redactar este libro me ha llevado poco más de dos semanas de trabajo intenso (agosto es un buen mes para mí), en realidad este trabajo contiene una síntesis divulgadora de muchos años de estudio y reflexión que ahora comparto con el público general (o no especializado), con la esperanza de que contribuya a la formación de una sociedad más culta, reflexiva, abierta y respetuosa con todos, sobre todo con los más vulnerables.

# Listado de mis publicaciones académicas relacionadas con el objeto del libro

*El adulterio en la Codificación penal española. Contribución del Tribunal Supremo y su doctrina legal a su proceso configurador (1870-1978)*, Las Rozas (Madrid): Aranzadi La Ley, 2024.

"Why and how sexual freedom changed Western criminal law (19th and 20th Centuries)", Special Issue entitled "Transnational Exchange in the Development of Criminal Law Thought: Western Europe and the United States, 19th and 20th Centuries" (Jean-Louis Halperin, Amalia Kessler, eds.), Clio@Thémis 25 (2025), pp. 1-34 (*https://journals.openedition.org/cliothemis/5867*).

"The Emergence of Desire-Rights in Postmodern Culture", *Loyola Law Review*, Volume 71, No. 2 Spring 2025, pp. 299-335.

"Abortion: From a Crime to a Constitutional Right? The Spanish Case in Comparative Perspective (1984-2024)", *Church, Communication & Culture*, Volume 10.1 (1925), pp. 19-44 (*https://www.tandfonline.com/doi/full/10.1080/23753234.2025.2473107*).

"El aborto y su reforma en España (1984-2023): ¿De delito a derecho constitucional?", *Cincuenta reformas penales. Análisis de las reformas del Código Penal de 1995 desde la perspectiva del populismo punitivo* (G. Martínez Galindo, ed.), Valencia: tirant lo blanch, 2024, pp. 227-274.

"El surgimiento de los derechos-deseo en la cultura posmoderna", *Cuadernos de Bioética*, núm. 113, Vol. 35, 2024, pp. 41-57 (disponible en *https://aebioetica.org/revistas/2024/35/113/41.pdf*).

*The Making of Dignity and Human Rights in the Western Tradition. A Retrospective Analysis* (Dordrecht-Heidelberg-London-New York, Springer (Series 'Studies in the History of Law and Justice'), 2023.

*Los delitos contra la honestidad en España (1870-1978). Contribución de la jurisprudencia del Tribunal Supremo a su configuración jurídica* (Aniceto Masferrer, ed.), Cizur Menor (Navarra): Aranzadi, 2023.

*Dignidad y derechos humanos. Un análisis retrospectivo de su formación en la tradición occidental*, Valencia: Tirant lo blanch, 2022.

*Criminal Law and Morality in the Age of Consent: Interdisciplinary Perspectives* (Aniceto Masferrer, ed.), Dordrecht-Heidelberg-London-New York, Springer (Collection '*Ius Gentium*: Comparative Perspectives on Law and Justice'), 2020.

*De la honestidad a la integridad sexual. La formación del Derecho penal sexual español en el marco de la cultura occidental*, Cizur Menor (Navarra): Thomson Reuters Aranzadi, 2020.

"Criminal Law and Morality Revisited: Interdisciplinary Perspectives", *Criminal Law and Morality in the Age of Consent: Interdisciplinary Perspectives* (Aniceto Masferrer, ed.), Dordrecht-Heidelberg-London-New York, Springer (Collection '*Ius Gentium*: Comparative Perspectives on Law and Justice'), 2020, pp. 1-27.

"Los delitos contra la honestidad en la Codificación penal española: Su configuración normativa (1822-1944)", *Tradición e influencias extranjeras en la Codificación penal española. Parte Especial* (Aniceto Masferrer, ed.), Menor (Navarra): Thomson Reuters Aranzadi, 2020, pp. 793-859.

"Defensa de un Derecho penal secular. Propuesta en torno a una cuestión compleja y permanente en la tradición occidental", *Revista de la Inquisición, Intolerancia y Derechos humanos* 23 (2019), pp. 235-252.

"El derecho al aborto en la jurisprudencia mexicana. Contribución al estudio de la influencia norteamericana en el constitucionalismo mexicano", *La Constitución mexicana de 1917: estudios jurídicos, históricos y de derecho comparado a cien años de su promulgación* (G. Garduño Domínguez & M. Andreu Gálvez, eds.), Ciudad de México: Instituto de Investigaciones Jurídicas – Universidad Nacional Autónoma de México (UNAM), 2019, pp. 361-408.

"Libertad sexual y derecho a la privacidad en la tradición norteamericana (1965-2015)", *Pensar el tiempo presente. Homenaje al profesor Jesús Ballesteros Llompart*, Valencia: Tirant lo blanch, 2018, vol. I, pp. 813-841.

"La distinción entre delito y pecado en la tradición penal bajo-medieval y moderna. Una propuesta revisionista de la historiografía española, europea y anglosajona", *Anuario de Historia del Derecho Español* 87 (2017), pp. 693-756.

## GRACIAS POR CONFIAR EN NUESTRAS PUBLICACIONES

Al comprar este libro le damos la posibilidad
de consultar gratuitamente la versión ebook.

### Cómo acceder al ebook:

☞ **Entre en nuestra página web**, sección Acceso ebook
(www.dykinson.com/acceso_ebook)

☞ **Rellene el formulario** que encontrará insertando el código de acceso
que le facilitamos a continuación así como los datos con los que quiere
consultar el libro en el futuro (correo electrónico y contraseña de acceso).

☞ Si ya es **cliente registrado**, deberá introducir su **correo electrónico y
contraseña habitual**.

☞ Una vez registrado, **acceda a la sección Mis e-books de su cuenta de
cliente**, donde encontrará la versión electrónica de esta obra ya desblo-
queada para su uso.

☞ Para consultar el libro en el futuro, ya sólo es necesario que se identifi-
que en nuestra web con su correo electrónico y su contraseña, y que se
dirija a la sección Mis ebooks de su cuenta de cliente.

### CÓDIGO DE ACCESO

**DYK187191**

Rasque para ver el código

## MANTÉNGASE INFORMADO
## DE LAS NUEVAS PUBLICACIONES

### Suscríbase gratis
### al boletín informativo
### www.dykinson.com

**Y benefíciese de nuestras ofertas semanales**